괜찮은
사람이

되고
싶어서

괜찮은
사람이

되고
싶어서

하루 한 문장, 고전에서 배우는 인생의 가치

임자헌 지음

나무의철학

첨단의 시대에 한문은 과연 어떤 의미를 지닐까? 소크라테스나 플라톤보다 더 고리타분하고 지루한, 매일 뻔하고 진부한 말만 하는 도덕 선생님 같은 느낌을 주는 게 공자와 맹자 아닐까? 조선은 결국 일본에 나라를 빼앗겼으니 조선 건국의 정신적 토대가 되는 유학儒學은 실패한 철학이 아닐까? 그 옛날의 가치, 실패한 메시지를 첨단의 시대에 다시 펼쳐볼 필요가 있을까? 우리나라가 한자 문화권이어서 형식적으로는 아주 가깝지만, 어쩐지 한문은 모든 외국어 중에서도 심정적으로는 가장 멀리 있는 것 같다.

사실 나에게도 한문은 전혀 관심 있던 분야가 아니었다. 우연히 대학원 입시 때문에 《논어論語》와 《맹자孟子》를 읽게 되면서 생각이 완전히 바뀌게 된 것이다. 그때 처음 본 이 책들에는 버리기엔 아까운, 좋은 내용이 너무 많았다. 한동안 고전에 빠져 지내다 보니 급기야 한문 자체가 아니라 한문이 담고 있는 내용이 드러나는 글을 쓰면 어떨까 하는 생각을 하게 되었다. 그럼 고전의 좋은 내용과 재미있는 역사들도 함께 빛을 볼 수 있지 않을까?

나의 고전 사랑과 고전을 바탕으로 한 교양서 집필은 이렇게 시작되었다. 이 작업에 힌트를 준 고전은 《논어》 〈위정爲政〉 편이었다.

"옛것을 잘 익히고 그것을 새로운 각도에서 이해할 수 있다면, 그는 누군가의 선생이 될 수 있습니다."

子曰, 溫故而知新, 可以爲師矣.

그 유명한 사자성어 온고지신溫故知新을 탄생시킨 이 구절이, 내가 앞으로 어떤 작업을 해야 할지에 대한 통찰을 주었다. 인간은 매우 보편적이면서 동시에 특수한 존재다. 변하지 않으면서 항상 변한다. 인간의 보편성 때문에 온고가 필요하다. 공자가 살던 2,500년 전이든 21세기인 지금이든 인간은 별로 달라진 게 없다. 먹지 않으면 배가 고프고, 잠을 못 자면 살 수 없고, 씻지 않으면 냄새나고, 오염된 음식을 먹으면 병에 걸리고, 병을 제때 치료하지 못하면 큰일 나고, 곁에 누군가 없으면 외롭고, 배워야 지식이 쌓이고 등등…….

문명이 발전하면서 우리의 삶이 크게 바뀐 것 같지만 인간이란 종의 특성은 달라진 게 없다. 그래서 인간을 사유한 옛 사람들의 지혜는 오늘날에도 충분히 유효하다. 옛것을 잘 익히겠다는 자세는 인간의 보편성과 한계를 인정하는 겸손한 태도다.

물론, 문명과 사회는 크게 달라졌다. 걷거나 소나 말을 타고 이동하던 시대에서 자동차와 비행기로 시간과 공간을 극복했고, 심지어 우주선을 타고 우주로까지 나가는 시대가 되었다. 심부름꾼을 시켜 직접 쓴 서한을 전달하던 시대에서 스마트폰으로 전 세계가 동시에 소통할 수 있는 시대가 되었다. 사회가 달라지면서 생활 방식이나 인간관계에도 생각지 못했던 변화가 일어났다.

개인의 특수성은 이러한 시대 변화에 크게 영향을 받으면서 또 다른 새로운 변화를 이끌어낸다. 그래서 과거의 지혜를 현재에 적용하려면 새로운 각도로 해석하고 변용하는 작업이 필요하다. 바로 '지신知新'을 고민해야 하는 이유다. 때로 과거의 권위는 미래를 옥죄는 사슬이 된다. 구세대는 나이가 많고 젊은 세대는 상대적으로 어리기 때문에 과거의 경험을 가르치는 이들이 해석과 변용의 가능성을 격려하고 다독이기보다 자신들의 권위에 무릎 꿇게 할 때가 많기 때문이다. 그래서 고전을 읽고 공부할 때는 합리적 유연성이 필요하다.

내가 《논어》를 읽으며 만난 공자는 상당히 합리적인 인물이었다.

공자의 제자 중에 중궁仲弓이란 인물이 있다. 중궁의 아버지는 천민 출신에 행실도 나쁜 사람이었지만 중궁은 인품과 학식이 모두 뛰어났다. 공자는 중궁만 보고 그를 제자로 받아들였고 한 나라의 군주로 삼아도 좋을 인물이라고 칭찬하면서 이렇게 말했다.

"원래 산천의 신에게 제사를 올릴 때는 순색의 소를 써야 하지. 그래서 얼룩소는 희생 제물로 쓸 수가 없네. 하지만 얼룩소의 새끼라도 얼룩얼룩한 제 부모와 달리 붉은 순색을 띠고 뿔도 적당히 알맞다면 제물로 못 쓸 이유가 있겠나? 희생 제물을 올리는 사람이야 그게 얼룩소의 새끼라고 출신을 따져서 안 쓰려고 할 수도 있지. 하지만 제사를 받는 신은 제사에 쓰인 소 자체를 보지 그 소의 출신을 따지지 않아. 지금 자기를 위한 제사에 사용되고 있는 소가 순전하다면 출신이 어떻든 그 제사를 흠향하는 거네."

• 《논어》〈옹야雍也〉

오늘날에도 출신으로 사람을 따지면서 쑥덕공론을 일삼는데 공자는 그 옛날에도 사람 하나를 있는 그대로 평가하고 받아들였다. 우리 나라의 예의범절이 딱딱하고 허례허식으로 가득한 것은 유교 때문이라고 많은 사람들이 생각한다. 그런데 공자는 "왜 그런 예를 지키는 것일까?"를 질문하던 사람이었다.

"모자를 쓸 때 복잡한 과정을 거쳐 최고로 가늘게 뽑아낸 삼베로 만든 것을 쓰는 게 원래 예법에 맞지만, 지금은 생사로 짠 것을 쓰지 않습니까? 검소한 거죠. 저는 지금 사람들이 하는 대로 따르겠어요.

존경하는 사람을 만날 때 대청 아래에서 인사하는 것이 예법에 맞는데 지금은 대청 위에서 인사하지 않습니까? 교만한 거죠. 지금 문화랑 안 맞다 해도 저는 대청 아래서 인사하기를 선택하겠어요."

• 《논어》 〈자한子罕〉

"왜?"라는 질문을 잊으면 합리적이 될 수 없다. 이런 공자인데 왜 우리는 그가 '꼰대'일 것 같다는 느낌을 받는 것일까? 아마 세월과 이름의 무게 때문이 아닐까? 그는 지금으로부터 약 2,500년 전에 살았고 사후에 성인聖人으로 추앙되었다. 세월의 더께와 추앙의 더께가 쌓일 대로 쌓여 그의 말 자체에, 인물 자체에 다가서기가 너무 어려워진 것이다.

세월이 흐르는 동안 그의 원래 모습을 읽어내기 어려울 정도로 많은 소문과 썰이 쌓이고 쌓였다. 하지만 생각해보면 공자는 혼란스러워지는 시대를 살면서 어떻게든 그 혼란을 정리하고 평화로운 세상을 만들기 위해 고군분투했던 인물이다.

새것은 모두 시간과 함께 옛것이 된다. 오늘의 최신 유행 사상이 이내 낡고 퀴퀴한 냄새나는 이론이 되어버린다. 세월을 털어내고 성인이란 이름을 내려놓는 것이 합리적으로 접근하는 첫 단계가 될 것이다. 이렇게 온고가 시작되면 내가 사는 시대를 총체적으로 이해하고 어제의 고민을 오늘을 위한 지혜로 변용시켜야 한다. 이때 필요한 것이 유연성이다. 온고를 지신으로 연결하는 것이다.

하늘 아래 새로운 것은 없다. 그러나 하늘 아래 똑같은 것도 없다. 고전이 고리타분한 것은 고전이기 때문이 아니라 지금 나에게 합리적 유연성이 부족하기 때문일지도 모른다. 지금, 당신에게 지혜가 필요하다면 오래된 미래인 고전에 흠뻑 젖어보는 건 어떨까?

차
례

프롤로그　　다시, 한문으로　　　　　　　　　　　　4

1장 | 관계를 돌아보다 　　● 따뜻한 이웃이 되고 싶어서

특별 대우의 함정　　　　　　　　　　　　17

그의 자유는 그의 것　　　　　　　　　　22

어떤 특별함은 위험하다　　　　　　　　28

효도란 무엇인가　　　　　　　　　　　33

우정의 진짜 의미　　　　　　　　　　　38

사랑에도 상식이 필요하다　　　　　　　44

누구를 위해서일까?　　　　　　　　　　50

나비가 알려준 가치　　　　　　　　　　56

나를 살리는 친구, 나를 망치는 친구　　61

좋은 선배가 되고 싶다면　　　　　　　67

2장 | 공부를 다짐하다　　● 발전하는 내가 되고 싶어서

꼼수는 이제 그만　　　　　　　　　　　　　　75

무엇을 배우든 기억해야 할 것　　　　　　　81

끝을 보는 경험이 필요하다　　　　　　　　87

늦어도 돼, 멈추지만 않으면　　　　　　　　92

한 우물만 파도 괜찮을까?　　　　　　　　96

생각 좀 하고 살자　　　　　　　　　　　101

나를 알아봐준 그때 그 선생님　　　　　　106

위플래쉬, 이후의 유플래쉬　　　　　　　111

읽다 보면 알게 되는 것　　　　　　　　　116

3장 | 사회를 생각하다　　● 함께 사는 세상을 만들고 싶어서

무엇을 물려줘야 할까?　　　　　　　　　127

끊임없이 간섭하면 죽는다　　　　　　　　133

남들이 뭐라 하든 내 인생은 축제다　　　139

시야가 미래를 바꾼다　　　　　　　　　144

외모보다 오래가는 가치   150

대단한 사연이 꼭 필요해?   157

난민이라는 낯선 이웃 앞에서   165

돈이 있는 사람, 격이 있는 사람   171

정말 영웅이 세상을 구할까?   176

평화 통일이라는 마침표를 위하여   181

다름은 아름다움이다   186

4장 | 정의를 고민하다   ● 선한 시민이 되고 싶어서

먹방, 쿡방이 일깨운 가치   193

어떤 나라가 법치국가인가   199

유리천장과 신분제 사회   204

'민주'의 시대에 우리가 바라는 공권력   210

법이란 무엇인가   215

잘못을 인정할 용기   220

그래도 제도가 필요한 이유   228

'좋은 게 좋은 것'이라는 나쁜 말   234

5장 | 인생을 성찰하다 ● 후회 없는 삶을 살고 싶어서

쓸모없는 것이 쓸모 있다   241

모든 음식은 한때 생명이었음을   247

단순한 질문의 힘   253

견디고 버티는 시간이 필요하다   259

당신은 성실합니까?   265

부족해서 빛나는 인생   271

인생에는 언제나 바람이 불어온다   276

내가 누구인지 잃어버리지 않으려면   282

절대? 반드시? 그런 건 없다   288

모난 것은 못난 것이 아니다   295

성숙과 연륜과 지혜의 가치   300

누리지 못하면 아무것도 남지 않는다   306

1장

관계를 돌아보다

따뜻한 이웃이 되고 싶어서

특별 대우의 함정

여러 사람들 사이에서 나만 특별 대우를 받으면 사실 기분이 좋다. 힘 있는 사람에게 총애를 받는 것도 사실 뿌듯하다. 그래서 특별한 사람이 다가오면 호들갑스러워진다. 와~ 저 사람이 나를? 왜? 그러다가 그 사람이 돌아서면 이번에는 패닉 상태가 된다. 왜 갑자기 나를?

노자는 이런 반응을 하게 되는 것은 뭘 몰라서, 핵심을 놓치고 있어서라며 누군가에게 총애를 받는다는 것을 다른 각도로 바라보게 해준다. 《노자》13장에서 그는 이렇게 말한다.

"사람들은 총애를 받아도 치욕을 당해도 놀란 듯이 하고, 큰 걱정거리가 큰 걱정거리인 줄도 모르고 자기 몸처럼 귀하게 여깁니다. 총애를 얻거나 치욕을 당할 때 놀란 듯이 한다는 것은 무슨 말일까요? 총애는 하찮은 것인데 사람들은 그것을 얻어도 놀라고 잃어도 놀랍니다. 이것을 일러 총애를 받아도 치욕을 당해도 놀란 듯이 한다는 것입니다. 큰 걱정거리를 자기 몸처럼 귀하게 여긴다는 것은 무슨 말일까요? 내게 큰 걱정거리가 있는 것은 내게 몸이 있기 때문입니다. 내게 몸이 없다면 어떻게 걱정을 할 수 있겠습니까? 그러므로 자기 몸을 천하보다 더 귀하게 여기는 사람이라야 천하를 맡길 수 있고, 자기 몸을 천하보다 더 소중히 하는 자라야 천하를 맡길 수 있습니다."

寵辱若驚, 貴大患若身. 何謂寵辱若驚? 寵爲下, 得之若驚, 失之若驚, 是謂 寵辱若驚. 何謂貴大患若身? 吾所以有大患者, 爲吾有身, 及吾無身, 吾有 何患? 故貴以身爲天下, 若可寄天下; 愛以身爲天下, 若可託天下.

총애를 받아도 치욕을 당해도 놀란 듯이 한다는 말부터가 재미있다. 총애와 치욕은 아주 다르지만 사람들의 반응은 똑같다는 것이다. 사람들은 총애를 받아도 놀라고 치욕을 받아도 놀란다. 내가 총애를 받게 됐을 때는 생각지 못한 행운에 놀라고, 그것에 익숙해져 있다가 갑자기 잃게 되면 당황한다.

그런데 본문에서는 좀 더 중요한 점을 지적하고 있다. 총애는 낮은 것, 하찮은 것이라는 지적이다. 가장 권위 있는 《노자》 주석서를 쓴 왕필王弼은 이 구절에 대해 '총애를 얻는다는 것은 남의 신하가 된다는 것'이라고 풀었다. 맞는 말이다. 남 위에 있는 사람은 총애를 받을 일이 없다. 총애는 위에서 아래로 내려오는 것이다. 그러므로 총애를 받을 때는 기분이 좋지만 내가 누군가의 총애를 받는다는 것은 그 자체로 내가 그 사람 아래에 있다고 도장을 찍는 것과 같다. 그래서 내게는 그 총애를 붙들고 있을 권리가 없고, 그 총애로 주어지는 혜택을 붙잡고 있을 자격이 없다.

《한비자》에 이와 비슷한 이야기가 있다. 위나라 영공靈公과 미자하彌子瑕의 이야기다. 기록에 따르면 미자하는 굉장히 잘생겼다고 한다. 아마 그 당시 꽃미남이었던 모양이다. 그는 영공의 눈에 들어 한껏 총애를 받았다.

하루는 미자하가 왕이 모르게 왕의 수레를 타고 외출을 한다. 어머니가 병에 걸렸다는 소식을 한밤중에 전해 듣고 급한 마음에 왕의 수레를 타고 나간 것이다. 그런데 위나라 법에는 왕의 수레를 몰래 탄 자는 발을 자른다는 조항이 있었다. 미자하는 발이 잘릴 판이었다.

이 소식을 들은 왕은 도리어 "미자하는 효자로구나! 어머니를 위하느라 발이 잘리는 벌조차 잊다니!"라고 감탄했다. 또 하루는 미자하가 왕과 함께 정원을 거닐다가 복숭아를 하나 따먹었는데, 달고 향긋한 과즙이 물씬 나오자 그것을 왕에게 바친다. 아무리 그래도 왕인데, 먹던 복숭아를…… 그러나 영공은 또 감탄했다.

"미자하가 나를 사랑하는 게 분명하구나! 맛있는 걸 먹으니 과인을 잊지 않고 맛보게 하는구나!"

이렇게 남다른 총애를 받던 미자하였지만 세월 앞에 장사 없는 법. 시간이 흐르자 미자하의 아름다움도 빛을 잃었고 왕의 사랑 또한 식어갔다. 그러던 어느 날 미자하가 왕에게 죄를 지었다. 그러자 왕은 불쾌해하며 이렇게 말했다.

"이놈은 옛날에 과인의 수레를 몰래 훔쳐 탔고, 자신이 먹던 복숭아를 과인에게 먹으라며 내밀었지!"

윗사람에게 총애를 받는 건 분명 좋은 일이다. 힘 있는 사람이 나를 아끼면 그 사람의 위치에 따라 나의 위치도 높아진다. 내가 뭐라도 된 것 같은 뿌듯한 느낌도 든다. 그래서 많은 사람들은 자신이 속한 조직의 꼭대기에 있는 사람에게 잘보이려고 애를 쓴다. 누군가의 총애 하나로 타인이 나를 보는 시선도 달라지고 내가 누릴 수 있는 혜택의 범위도 넓어지니까.

하지만 대등한 사랑이 아니라 일방적으로 '주는' 사랑이라면 반드시 '거두는' 때도 있는 법이다. 줄 때 마음대로 주었다면 거둘 때도 마음대로 거두는 것이 사람 마음이다. 그래서 노자는 충고한다. 총애나 치욕이나 같은 것이니, 총애가 온다는 것은 머지않아 치욕이 온다는 전조일 뿐이라고. 왕필 또한 총애와 치욕이 같은 것이듯 영예와 환란이 같은 것이라고 말한다.

그렇다면 진정으로 중요한 건 무엇일까? 내가 살아 있다는 사실 자체를, 내가 '나'로 살아가는 삶 자체를 먼저 바라보는 일이다. 이것보다 더 중요한 건 없다. 총애나 치욕, 영예나 환란에 전전긍긍하고 연연하느라 내 삶 자체를 망가뜨리는 건 어리석은 일이다. 대개 사람들은 문제가 생기면 그 문제에만 집착해서 어떻게 해결할까 고민하지, 이 문제가 혹시 나 개인의 이런저런 욕심 때문은 아닐까 하고 자신을 돌아보지는 않는다. 그러므로 노자는 큰 걱정거리나 큰 문제가 닥치거든 그 문제를 가지고 자기 자신을 깊이 들여다보라고 말한다.

자신의 생명, 자신의 삶이 무엇보다 소중하다는 사실을 알고 세상의 일시적 즐거움과 쉽게 바꾸지 않는 사람은 타인의 삶과 타인의 생명을 소중히 여길 줄 안다. 이런 사람은 자신의 목적을 달성하거나 문제를 해결할 수단으로 타인을 희생시키지 않는다. 그래서 이런 사람에게는 천하도 맡길 수 있다.

우리는 너무 쉽게 '어쩔 수 없다'는 핑계를 대며 타인의 인정에 전전긍긍한다. 그렇게 자기 인생을 살아갈 시간을 놓치고 외부의 성과와 실패, 보상과 처벌에 집착하다 결국 타인마저 그런 기준으로 평가하며 인생을 낭비한다. 그러나 온갖 것을 좇다가도 나의 존재에 위기에 닥치면 그때야 "내가 대체 뭘 위해 살고 있지?"라며 지난 시간을 되돌아본다. 인정의 역설이다.

누구나 실수를 하며 살아가지만, 다만 너무 늦기 전에 깨달아야 그 깨달음이 더욱 가치 있을 것이다. 누군가의 평가로 좌지우지되기엔, 한 번뿐인 우리 인생은 각자에게 너무 소중한 것이니 말이다.

누구나 '인생영화' 한 편 정도는 있지 않을까? 물론 나도 있다. 〈쇼생크 탈출〉. 삶이 답답해질 때면 무조건 보는 영화다. 이 영화가 다루는 '자유'라는 주제가 나는 참 좋다.

쇼생크에서 주인공은 두 번 탈출한다. 정신의 탈출과 신체의 탈출. 정신의 탈출은 주인공 앤디 듀프레인이 교도관 몰래 모차르트의 오페라 〈피가로의 결혼〉에 등장하는 '편지 이중창'을 틀었을 때 일어난다. 교도소에 도착한 기증품들을 살펴보던 앤디는 이 레코드판을 발견하고 방송 설비가 갖춰진 사무실에서 재생해, 쇼생크의 모든 재소자에게 이 음악을 들려준다. 스피커를 통해 흘러나오는 아름다운 여성 이중창은 모든 재소자의 마음을 뒤흔들고, 본인들도 의식하지 못하는 사이에 잊고 있던 무언가를 일깨운다. 레드는 이 노래를 들으며 이렇게 말했다. 지금도 그 이탈리아 여자들이 무엇을 노래했는지 모른다고, 그러나 이 아름다운 노래는 상상도 할 수 없는 높은 곳으로 날아오르는 것 같았고, 좁은 새장에 갇힌 새가 새장을 탈출해 저 멀리 날아가는 것 같았다고. 그리고 그 짧은 순간 쇼생크에 있던 모두는 자유를 느꼈다고.

이 사건으로 앤디는 2주간 독방에 갇히지만, 그는 자유를 잊지 않기 위해 필사적으로 노력한다. 정신이 갇히면 모든 것이 갇힌다는 걸 알았기 때문이다. 그는 교도소의 친구들 역시 스스로를 가둔 정신의 벽을 허물고 물리적 벽도 넘어서게 하려고 노력한다.

그런데 가장 친한 친구이자 든든한 조력자인 레드는 앤디가 추구하는 자유를 이해하지 못하고, 위험하다고 생각해 저항한다. 세상이 우리를 옴짝달싹 못 하게 가두었는데 우리가 뭘 할 수 있겠느냐고 되묻는다. 레드는 대신 교도소가 허용한 범위 내에서 자유롭게 지내려 애쓴다. 사실 쇼생크에도 자유 시간이 있어서 운동을 하거나 수다를 떨 수 있다. 하지만 교도소 내에서 보내는 자유 시간이 어떻게 진짜 자유일 수 있겠는가?

결국 앤디는 의지와 결단으로 교도소 탈출에 성공한다. 19년간 파낸 비밀 통로를 통해, 온몸이 꽉 끼는, 한 번 들어가면 절대 되돌아올 수 없는 토악질 나오는 하수구를 통해, 앤디는 밤새 3킬로미터 넘게 기어가 끝내 빠져나간다. 쇼생크에서 땅굴을 파려면 600년은 족히 걸릴 거라 예상했던 아주 조그만 망치로 19년 동안 몰래 탈출구를 만들고, 죽기 아니면 까무러치기로 하수구를 기어 결국 자유를 손에 넣는다. 감옥에 혼자 남은 레드는 앤디를 그리워하며 앤디에 대해 이렇게 회상한다.

"그의 빈자리는 때로 저를 슬프게 했어요. 새는 가둘 수 없다는 걸 떠올려야만 했죠. 깃털은 아름답죠. 새에게서 비상의 기쁨을 빼앗는 것은 죄입니다."

아무도 가둘 수 없는 새. 앤디를 보고 있으면 《장자莊子》의 〈소요유逍遙遊〉에 등장하는 커다란 붕새가 떠오른다. 붕새는 어마어마하게 커서 등 넓이가 몇 천 리인지 알 수 없고, 날개를 활짝 펴서 바다 위에서 날개짓을 하면 물보라가 3,000리나 솟구친다고 알려진 새다. 붕새는 이 회오리바람을 타고 9만 리 상공까지 올라가서 남쪽으로 6개월을 비행한 뒤에야 비로소 한 번 크게 숨을 내쉰다는, 말 그대로 스케일이 어마어마한 새다. 붕새는 모든 작은 생물이 두려워하는 태풍 정도의 바람을 타야 거대한 날개를 펄럭일 수 있다.

붕새의 비상을 보며 작은 새들은 어떤 반응을 보일까? 존경? 경이로움? 아니다. 장자는 다른 새들이 붕새를 비웃었다고 말한다.

매미나 메까치는 비웃으며 쑥덕거린다. "우리는 호다닥 몸부림치며 날아봤자 느릅나무와 박달나무 위에 올라갈 뿐이고, 때로는 그마저도 못해서 땅바닥에 매다 꽂히기도 하지. 뭣 땜에 9만 리나 올라가서 남쪽으로 날아간단 말이야?"

참새도 마찬가지다. "저 녀석은 대체 어디로 가려는 거지? 나는 아무리 힘껏 날아올라도 겨우 몇 길 올라갔다 내려와서 쑥대 숲 사이를 선회할 뿐이지만 이것도 최고의 비행이야! 대체 저 새는 어디로 가려고 저러는 거야?"

매미, 메까치, 참새는 이미 자유롭다. 사방을 마음껏 날아다니며 자신들의 공간을 활주한다. 아마 자신들보다 조금 더 큰 새, 그래서 자신들보다 조금 더 높이, 더 오래, 더 넓게 날 수 있는 새를 보았다면 이들도 충분히 부러워했을 것이다.

그러나 붕새와 이들의 차이는 커도 너무 컸다. 이들 입장에서는 붕새의 스케일을 상상조차 할 수 없기 때문에 위험하고 힘만 드는 쓸데없는 짓으로 보일 뿐이다. '날개 치며 날아오름'이라는 행위는 똑같지만 과연 붕새의 비상과 이들의 그것이 같다고 할 수 있을까 의문이 들 정도다.

장자는 붕새의 비상을 이해하지 못하는 작은 날짐승에 대해 이렇게 말한다.

"작은 지혜를 가진 자는 큰 지혜를 가진 자의 세계를 이해할 수 없고, 수명이 짧은 자는 긴 수명을 살아가는 자의 세계를 파악할 수 없다. 그것을 어찌 알 수 있겠는가?"

小知不及大知, 小年不及大年. 奚以知其然也?

장자는 자신의 학문이 방대하기만 하고 쓸모는 없다는 비난을 자주 받았다. 그러나 장자는 진정으로 크고 깊은 관점으로 공부해야 세상에 얽매이지 않는 자유를 발견하고 누릴 수 있다고 믿었다. 이 거대한 붕새도 다른 새들과 마찬가지였다. 결국 바람을 타야, 즉 바람에 의지해야 날 수 있는 존재이기 때문이다. 물론 붕새에게도 다른 작은 날짐승들처럼 한계가 있었다. 그래서 장자는 더 나아가 '자신'마저 사라지는 경지의 자유를 주장했다.

장자가 주장하는 이 거대한 자유를 깨닫고 우리가 진정한 자유인이 될 수 있다면 과연 무엇이 얼마나 달라질까?

자유의 참된 가치를 알았던 앤디를 떠올려본다. 그는 자유의 의미와 가치를 혼자만 알고 혼자만 향유하지 않았다. 교도소의 모든 수감자에게 자유의 가치를 일깨워주기 위해 자신의 모든 시간을 썼다. 그리고 가장 친한 친구 레드까지도 결국 자유를 꿈꾸게 만들었다.

이것이야말로 진짜 자유를 아는 사람의 모습이 아닐까? 자유는 나만의 해방을 의미하지 않는다. '나 자신'이 사라지는 진정한 자유는 타인을, 나 아닌 다른 모든 생명을 생각하고 돌아볼 공간을 내 안에 만들어준다. 누가 억지로 시키지 않아도, 누가 알아주지 않아도 기꺼이 다른 생명을 위해 내 삶을 변화시키는 힘은 내 안의 자유에서 비롯된다.

  아무것도 돌아보지 못하게 하는 세상의 기준과 속도에서 벗어나 좀 더 크고 좀 더 넓은 사람이 된다면, 그래서 내 안의 자유로 세상을, 다른 존재의 생명을 돌아볼 수 있게 된다면 우리의 하루가 좀 더 풍요로워지지 않을까 생각해본다.

우리는 자극적인 것을 좋아한다. 평범하지 않은 것, 손에 넣기 어려운 것, 요즘 말로 '신박한' 것을 가져야 내가 멋있고 특별한 사람이 되었다고 느낀다. 그래서인지 더 많은 힘을 가질수록, 더 크게 성공할수록 남들이 쉽게 가질 수 없는 무언가를 갖고 싶어 한다. 특별한 취미 활동을 하고, 특이한 물건을 사서 모으고, 무언가를 유난스레 해야 내 존재감이 빛나는 것 같고, 그런 나에게 감탄하는 사람들을 보면 뿌듯해진다. 인기든 돈이든 지위든, 이렇게 얻은 것을 보고 사람들이 나를 부러워하거나 아쉬운 소리를 하면 내가 특별한 사람, 귀한 사람이 된 것 같은 느낌을 받는다.

까마득한 옛날, 그러니까 기원전 600년경에 쓰여진 《서경書經》의

〈주서周書〉 '여오旅獒'에는 오늘날의 이런 현상을 마치 예견이라도 한 듯 경고하는 내용이 있다.

"무익한 일로 유익한 일을 해치는 일을 하지 않으면 공이 이루어지고, 특이하고 기이한 사물을 값지고 귀한 것으로 대하고 일상적으로 사용하는 사물을 하찮고 별 것 아닌 것으로 대하는 짓을 하지 않으면 백성들의 삶이 풍족해집니다. 개나 말이 토산이 아니거든 기르지 말고, 진기한 새와 짐승을 나라에서 기르지 마십시오. 구하기 어려운 먼 지방의 물건을 보배로 여기지 않으면 먼 나라 사람들이 찾아와 왕의 신하가 되고, 물건이 아니라 능력과 인격을 잘 갖춘 사람을 보배로 여기면 온 나라가 태평성대를 누릴 것입니다."

不作無益害有益, 功乃成; 不貴異物賤用物, 民乃足. 犬馬非其土性不畜, 珍禽奇獸不育于國. 不寶遠物, 則遠人格; 所寶惟賢, 則邇人安.

무왕武王이 상나라를 멸망시키고 주나라를 세웠다. 그가 새로운 나라의 주인이 되자 어느 날 서쪽의 작은 나라인 여나라에서 오獒라는 큰 개를 공물로 바쳤다. 이 개는 매우 똑똑하고 사나웠던 모양이다. 잘 길들이면 명령을 따라 사람도 잡아 왔다는 기록이 있으니 아마 세퍼드과가 아닌가 싶다.

무왕이 이 개에게 관심을 보이는 듯하자 무왕의 동생이자 무왕을 보좌하던 소공召公이 곧바로 사람과 사물을 대하는 기본 자세에 대해 설명하면서 무익한 욕망을 경계하라고 조언했다.

그가 조언한 내용은 '완玩의 폐해'였다. 완이란 '장난하다, 가지고 놀다, 탐하다'라는 뜻이다. 사람을 가지고 놀면, 그러니까 완인玩人하면 덕을 잃고 사물을 가지고 놀면, 즉 완물玩物하면 뜻을 잃는다고 무왕에게 주의를 주었다. 사람을 가지고 논다는 것은 그 사람을 함부로 대하며 하찮게 여긴다는 뜻이고, 사물을 가지고 논다는 것은 사물에만 온통 마음을 빼앗긴다는 뜻이다.

이렇게 완인, 완물하지 않으려면 어떻게 해야 할까? 소공은 사람으로서 걸어야 할 길을 항상 기억하고 그 길을 걸을 것을 제안했다. 사람으로서 응당 걸어야 할 길이 바로 '도道'인데 도는 '길'이라는 뜻이다. 사람으로 태어났으면 사람으로 살기 위해 걸어야 할 길이 도가 된다. 그 길에 자신의 바람과 타인을 대하는 방법을 함께 놓으면 나를 망가뜨릴 일도, 남을 해치고 서럽게 할 일도 없다. 사람이니까 사람답게 살아야 한다는 건 참 평범하고 일상적인 일이다. 소공은 마지막으로 덧붙인다.

"이른 새벽부터 밤늦게까지 모든 순간에 부지런히 스스로를 돌아보십시오. 만의 하나라도 놓치는 일이 없게 말입니다. 아무리 사소한 행실도 조심하고 신중하지 않으면 큰 덕에 누를 끼쳐, 아홉 길의 높은 산을 만드는 일이 흙 한 삼태기 때문에 무너질 것입니다."

작은 것이 절대 작지 않다는 당부다. 선물받은 개 한 마리에게 마음을 빼앗기는 것이 뭐 그리 대수냐 할 수 있겠지만 그렇게 둑이 한 번 무너지면 자기도 모르는 사이에 물이 흘러넘쳐 여러 농지를 망가뜨릴 수 있다. 눈에 보이는 둑은 물이 새는 것이 보이니 무너지기 전에 막을 수 있지만 마음의 둑은 눈에 보이지 않아서 더욱 위험하다. 더 이상 수리할 수 없을 때까지 망가져도 정작 자신은 알아채지 못하는 경우가 부지기수다.

내가 어디까지 망가졌는지 본인은 알지 못한다. 본인 재산은 넘쳐 흘러 자녀들을 사치스럽게 살게 하면서 경기가 나쁘다는 이유로 직원들을 아무렇지 않게 자르는 기업인들도, 판매 직원이나 텔레마케터 같은 감정노동자들에게 욕을 퍼붓는 사람들도, 부하 직원의 공을 아무렇지 않게 가로채는 상사도, 친구를 따돌려 한 아이의 인생을 진흙탕에 처박은 자기 자녀를 마냥 감싸기만 하는 학부모도 자기가 얼마나 망가진 상태인지 정확히 알지 못한다. 조금씩 조금씩 스스로에게 허용했던 여지들이 사람으로서 응당 걸어야 할 길로부터 한없이 멀어지게 만든 것이다.

사이코패스가 아닌 이상 처음부터 '완'을 생각하는 사람은 없다. 사물에 마음을 빼앗기는 경우는 간혹 있을지 모르나 사람을 함부로 대하겠다고 처음부터 마음먹는 이들은 분명 없을 것이다. 하지만 마음은 작은 곳에서부터 흐트러진다. 동물이나 사물에 너무 마음을 빼앗기다 보면 사람보다 동물이나 사물이 중요해지는 순간이 온다. 거기에 내게 일정한 지위까지 생기면 다른 사람이 내가 아끼는 동물이나 사물보다 하찮아지는 순간이 온다.

이런 흐름에 익숙해지다 보면 어느 순간 나도 모르게 경중을 구분 못하게 되고, 사람이지만 사람 같지 않은 행동을 일삼게 되어 덕도 잃고 방향도 잃게 된다. 특별함을 추구하는 것은 생각보다 위험할 수 있다.

'완물'하는 사람들은 이런 말을 자주 한다. "남에게 피해 주는 것도 아닌데 뭐." 그렇다면 소공이 한 말을 되새겨보자. 완물은 타인이 아니라 자신을 다치게 한다. 스스로 다쳐 방향을 잃으면 '완인'하지 않을 길이 없다.

지금 우리 사회에서 완인은 온갖 갑질로 나타나고 있다. 뉴스에서 갑질 사례를 보도할 때 갑질한 사람을 잘했다고 말하는 사람은 아무도 없다. 갑이기만 한 사람도 없고 을이기만 한 사람도 없다. 누군가에게는 갑이지만 다른 이에게는 을인 사람도 있고, 이곳에서는 을이지만 다른 곳에서는 갑이 되는 경우도 비일비재하다. 그렇다면 나는 갑인 순간에 어느 한 순간도 갑질을 하지 않았을까? 작은 일, 평범한 일상을 단정하게 가꾸는 일, 인격은 거기서부터 성장한다.

유교는 효孝를 중요하게 여겨 효의 미덕과 중요성을 강조한다. 그래서 부모님들이 참 좋아하신다. 자녀들에게 옛 성현의 말씀을 읽히고 싶어 하는 부모들을 보면 대개 자녀들이 뭔가를 좀 깨달아 예의 바르고 싹싹해질 수 없나 하고 바라는 경우가 많다. 그러나 자녀는 자녀대로 효 때문에 옛 성현의 말씀을 싫어한다. 자녀에게 효란 '닥치고 부모님이 시키는 대로'여서, 부모님 말에 절대적으로 따르는 행동이 '닥치고 어른들이 시키는 대로' 하는 공경으로 이어진다고 생각하기 때문이다.

확실히 우리에게 유학은 '상명하복', 즉 윗사람이 시키면 아랫사람이 군말없이 따르는 것을 중시한다는 인상을 준다. 그런데 유학에서

말하는 효가 정말 이런 것일까?《논어》〈이인里仁〉 편을 보면 공자의
다음과 같은 가르침이 실려 있다.

"이번엔 부모님을 섬기는 것에 대해 말해볼게요. 부모님이 뭐가를 잘못
하시는 걸 보잖아요? 그럼 돌직구 날리지 말고 돌리고 돌려서 감정 상
하지 않게 부드럽게 일러드려야 해요. 그렇게 말씀드렸는데도 부모님
이 고치지 않으시잖아요? 그래도 또 공경하며 대해야 하고 엇나가면
안 돼요. 물론 피곤하죠. 그래도 원망하면 안 되는 거예요."

子曰, 事父母, 幾諫, 見志不從, 又敬不違, 勞而不怨.

《예기禮記》〈내칙內則〉에는 이런 말도 있다.

"부모에게 잘못이 있으면 기운을 가라앉혀 얼굴빛을 온화하게 하고 목
소리를 부드럽게 해서 잘못한 부분을 말씀드린다. 말씀드려도 받아들
여지지 않으면 한층 더 정중하게 받들고, 부모의 기분이 나아지거든 다
시 말씀드린다. 부모의 기분을 상하게 할지라도 부모가 죄를 짓고 마을
에서 그 잘못으로 인해 비난을 받는 것보다는 차라리 되풀이해서 잘못
을 지적하는 것이 낫다. 부모가 화가 나서 피가 날 때까지 회초리를 치
더라도 미움이나 원망을 싣지 않고 더 정중히 공경하는 것이다."

父母有過, 下氣怡色, 柔聲以諫. 諫若不入, 起敬起孝, 說則復諫. 不說, 與其
得罪於鄉黨州閭, 寧孰諫. 父母怒, 不說而撻之流血, 不敢疾怨, 起敬起孝.

유학의 효에서 중요한 덕목 중 하나는, 바로 자녀가 부모의 잘못을 바로잡는 것이다. 내가 원하는 것을 얻어내려고 부모 마음이 상하지 않게 마냥 따르다가 부모가 나쁜 길을 가면 이것도 불효로 간주한다. 부모도 사람이니 당연히 잘못한다. 판단을 잘못하기도 하고 잘못된 길인 걸 알면서 걷기도 한다. 그런데 그 길을 자식이 그대로 따르면 효자라 할 수 있을까? 그럴 순 없다. 부모를 잘못된 방향으로부터 돌아서게 해야 한다. 이 의미를 알아야 《논어》에 등장하는, '부모가 죽으면 3년은 부모가 살아생전 걷던 방식을 지켜야 효자라 할 수 있다'라는 대목을 이해할 수 있다.

물론 부모와 자녀는 온전하게 대등한 관계가 되기 어렵다. 부모에게는 자녀가 몇 살이건 항상 어리다. 태어나는 순간부터 수직적인 관계를 맺다 보니 양쪽의 관계가 동등해지거나 상황에 따라 역전될 때 받아들이기가 쉽지 않다. 평생 먹이고 씻기고 가르쳤는데 어느 순간부터 동등한 자격으로 대화해야 하고 심지어 배워야 하는 관계가 되는 건, 말이 쉽지 마음으로는 받아들이기 힘들다. 게다가 자녀가 장성하고 발언권이 커질수록 부모는 늙고 약해진다. 직장에서 물러나게 돼 가정에서의 영향력도 줄어든다. 그런데 나이 들수록 부모의 생각과 가치관은 더욱 단단하게 굳어간다.

만약 평소에도 부모와 자녀가 자주 삐걱대는데 어느 날 갑자기 자녀가 "부모님이 잘못하셨잖아요!" 하고 불쑥 지적하면 어떻게 될까? 다툼이 일어나고 감정의 골이 깊어지는 건 당연한 수순이다.《논어》와《예기》에서 말하는 효를 실천하려면 먼저 부모와 자녀가 꾸준히 대화를 주고받는 관계라야 가능하다. 평소 대화하는 사이가 아니라면 일단 부드러운 말투로 말하는 것 자체가 불가능하다.

우리는 상대방이 나를 이해할 수 없다고 생각하면 불만이나 악감정을 마음에 쌓아둔다. 그러다가 더 참을 수 없는 순간 빵 터뜨리며 화를 쏟아낸다. 그런데 이런 방식으로는 양쪽 모두 상처를 받고 멀어지기만 할 뿐 정작 잘못은 고쳐지지 않는다. 대화가 가능해지려면 먼저 서로를 독립된 인격체로 존중하는 자세가 필요하다. 내가 존중받는다고 생각하면 누구든 마음의 빗장을 풀게 마련이다.

부모 자녀 관계는 인간이 맺는 모든 관계 중에서도 가장 강력한 친밀함으로 형성되기 때문에 대등한 상대로 존중하기 어려운 측면도 있다. 그래서 적당한 거리 두기가 필요하다. 양육과 효도는 동전의 양면이다. 부모가 자녀의 마음을 읽어주지 않는데 자녀가 부모의 마음을 읽을 리 없다. 아니, 설사 부모의 마음을 읽고 싶어도 자신의 성장 과정에서 부모에게 그런 배려를 받은 적이 없다면 어떻게 해야 할지 방법을 짐작할 수 없다. 자녀가 정신적으로 크게 성장하는 사춘기는, 그래서 부모가 정신적으로 성숙하는 기로가 된다.

유학에서 강조하는 효는 바른 관계에서부터 시작한다. 부모와 자녀가 서로의 힘을 빌려 끊임없이 성장해야 하기 때문이다. 부모 말에 무조건 복종하는 것은 진정한 의미의 효가 아니다. 서로 존중하고 존중받는 관계가 이루어지면 부모와 자녀 간의 친밀함은 따로 노력하지 않아도 저절로 건강하게 유지된다. 유학이 말하는 효는 생각보다 고루하지 않고 생각만큼 단순하지도 않다.

2001년 개봉한 영화 〈친구〉가 흥행 돌풍을 일으키면서 세기의 유행어가 탄생했다. "우리 친구 아이가!" 이 유행어는 지금도 종종 회자되는데, 영화에서는 친구를 친할 친親에 옛 구舊 자를 써서 '오래 두고 가깝게 사귄 벗'이라고 풀이했다. 친구란 무엇일까? 혹은 누구일까?

예나 지금이나 '친구'라는 말은 늘 우리 곁에 있다. 하지만 그 의미는 이전만큼 다정스럽지 않다. 지금 친구 하면 우정보다 경쟁, 왕따 같은 단어가 연관검색어처럼 떠오른다. 요즘 시대에 친구는 '학원에 같이 다니는', '같은 교실에서 수업 듣는', '점심시간에 밥을 같이 먹는' 사람 정도랄까? 기껏해야 '취향이 비슷해서 같은 걸 좋아하고 잘 어울리는' 정도인 것 같다. 친구 혹은 벗이란 영화에서 내린 정의보다 훨씬 깊은 의미를 지닌, 참 아름다운 말인데 말이다.

《논어》〈안연顔淵〉 편에서 공자의 제자인 증자曾子는 이런 말을 했다.

"제대로 된 지성인은 학문을 통해서 뜻을 함께할 벗을 모으고, 벗을 통
해서 온전한 사람다움을 완성해가죠."

君子以文會友, 以友輔仁.

보통은 마음이 통하는 사람을 친구로 선택하는데 증자는 그보다
함께 공부를 하면서 뜻이 통하는지 여부를 살핀다는 점이 인상적이
다. 서로를 통해 각자 자신을 완성시켜간다는 발전적인 측면에서 친
구 관계를 이해하고 있다는 점도 재미있다.《맹자》〈이루離婁 하〉 편에
는 이런 구절도 있다.

"바르고 선한 일을 하도록 권하는 것이 친구 사이의 도리이다."

責善, 朋友之道.

책선責善의 '책'은 '요구하다'라는 뜻이지만 '꾸짖다'라는 뜻도 있다.
그러니까 책선은 바르게 선을 실천하도록 부드럽게 권하는 정도가
아니라 아주 강하게 요구한다는 의미다. 맹자는 심하다 싶을 정도로
상대에게 선을 요구하는 것이 친구 사이의 도리라고 말한다. 맹자의
말이 멋있는 건 사실이지만 사실 우리에게 이런 친구 관계는 좀 낯설

다. 친구 관계를 오래 유지하길 원한다면 직언과 직설이야말로 피해야 할 첫 번째이기 때문이다. 《아낌없이 주는 나무》의 작가 쉘 실버스타인Shel Silverstein의 〈우정〉이라는 시를 읽고, 내용이 너무 공감되어 웃음이 터진 적이 있다.

난 말이야
영원히 우정을 지킬 수 있는 방법을 찾았어
별 거 아니지
난 무엇이든 시키기만 하고
너는 내가 시키는 대로 따르기만 하면 되는 거지

정말 맞는 말 아닌가! 이렇게 하면 친구 관계는 깨질 리가 없다. 물론 이러한 대우를 받는 '나의 입장'에서 본다면 말이다. 받는 사람의 입장에서 최고의 친구란 지극히 주관적인 찬사를 아주 객관적인 평가처럼 말해주는 사람이다. 하지만 객관적으로 보면 나를 칭찬만 하는 친구는 이미 친구가 아니다. 위의 시처럼 한 사람은 일방적으로 시키고 한 사람은 따르기만 하는 관계는 친구 사이가 아니라 상하 관계이기 때문이다. 친구의 첫 번째 조건은 서로 대등한 관계인지 여부다. 그래서 맹자는 〈만장萬章 하〉 편에서 친구 관계에 더불어 배우며 뜻을 함께하는 것 외에 다른 조건이 끼어들어서는 안 된다고 경계한다.

"(친구를 사귈 때에는) 자신의 나이 많음을 내세우지 말고, 자신의 지위가 대단한 것을 내세우지 말고, 자신의 형제자매가 잘나가는 것을 내세우지 말고 사귀어야 합니다. 벗을 사귄다는 건 그 사람 내면의 아름다움을 벗으로 삼는 것이지요. 그래서 내세우는 게 있어서는 안 됩니다."

지금의 현실을 돌아보면 많은 생각을 하게 만드는 구절이다. 부모들은 아이가 학교에서 어떤 친구를 사귀었는지 자주 묻는다. 당연히 궁금하고 물을 필요도 있지만, 질문하는 내용이 잘못된 경우도 많다. 부모님이 무슨 일을 하시는지, 어느 지역 어느 아파트에 사는지가 대표적이다.

이것은 친구의 조건이 아니다. 친구의 조건은 오직 그 사람의 인품과 됨됨이다. 아이들에게는 그 친구의 성격이나 취향의 일치일 수도 있다. 이런 기준으로 친구를 사귀어야 그 사람만이 가진 아름다움과 깊이를 벗 삼아 동등한 관계를 유지할 수 있다.

우리가 친구 관계를 가치 있게 보는 이유는 친구는 혈연이나 이익 등으로 묶여 있지 않아서 나의 좋은 점과 나쁜 점을 객관적으로 말해 줄 수 있기 때문이다. 그래서 《논어》나 《맹자》는 친구가 '학문을 통해 뜻을 함께하는 존재.' 좀 더 강하게는 '그 뜻을 나누며 제대로, 바르게 살 것을 요구하는 존재'라고 가르친다. 책선을 요즘 말로 표현하면 충고가 아닐까? 실제로 우리는 친구 사이가 아니어도 "널 위해서 충고 하나 하자면……"이라는 말을 자주 듣고, 누군가에게 건네기도 한다. 그렇지만 이런 말을 건넸을 때 돌아보는 반응의 상당수는 "너나 잘하세요"다. 그래서 친구 사이일수록 섣불리 충고해서는 안 된다는 인식이 박혀 있다.

충고, 혹은 책선을 제대로 하려면 먼저 자기 자신을 스스로 돌아보는 능력을 갖추고 있어야 한다. 명나라 철학자 왕양명王陽明이 쓴《전습록傳習錄》에 이런 내용이 있다. 왕양명에게는 쉽게 화를 내고 남을 잘 나무라는 친구 하나가 있었다. 그를 지켜보던 왕양명이 친구에게 주의를 주며 말한다. "배운다는 것은 자기 자신을 돌아본다는 걸세. 그저 남을 책망하기만 하면 남이 잘못한 부분만 보고 자기가 그르다는 점은 못 보게 되지. 만약 자네를 돌이켜볼 수 있다면 자신의 부족한 부분이 허다하게 많이 보일 테니, 남을 책망할 겨를이 어디 있겠는가? …… 앞으로는 남의 시시비비를 논하려 들지 말게. 남을 책망하거나 비판해야 할 때를 만나면, 그것을 자신의 커다란 사사로움으로 간주해서 없애도록 하게."

충고와 책선은 나 자신을 돌아보는 과정이다. 내가 스스로 반성하면서 올바르게 살려고 애쓰다 보면 친구도 감화되기 마련이다. 친구니까 솔직하게 충고한다면서 자신이 항상 옳고 늘 제대로 살고 있는 양 거침없이 비판하는 이들이 있는데, 친구란 함께 밥을 먹고 재미있는 일을 하기 이전에 나의 내면을 들여다보게 만드는 사람이다. 그래서 친구를 서로를 비춰주는 거울이라 하는지도 모르겠다.

오랜 세월 다져진 진정한 친구 사이에는 혹시라도 나의 일그러진 모습이 너를 망가뜨리고 있지 않은지 스스로 돌아보고, 더 좋은 가치를 나누기 위해 나를 정비하는 시간이 녹아 있다. 이렇게 본다면 친구란 정말 아름다우면서도 무거운 책임감이 들게 하는 말이다.

당신은 누군가에게 어떤 친구인지? 지금 당신의 주변에는 어떤 친구가 있는지? 《논어》가 주장하는 우정의 진짜 의미가 우리 사회에 되살아나기를 소망해본다.

사 랑 에 도

상 식 이 필 요 하 다

사랑에 빠지면 슈퍼맨이 되고 원더우먼이 된다. 너를 기쁘게 할 수만 있다면, 너를 웃게 할 수만 있다면 하늘의 별도 달도 따다 주겠다 호기롭게 말하고 그 비슷한 뭐라도 해주려 애를 쓴다. 세상에 아까운 게 없다.

일단 돈이 아깝지 않다. 내 사랑의 넓이와 깊이는 일차적으로 너를 위해 돈을 쓸 때 아까운지 아닌지에서 판가름 난다. 남녀 간의 사랑도, 친구 간의 우정도, 부모 자식 간 사랑도 그렇다. 굳이 사랑의 대상과 종류를 나눌 필요는 없다. 사랑은 다 똑같다. 못하는 게 없어진다.

이런 사랑을 받으면 엔도르핀이 마구 솟는다. 내가 더 가치 있어진 것 같고 내가 인정받는 것 같고 가슴이 마구 뿌듯해지면서 한껏 힘이 솟는다. 나를 좋아하고 사랑하고 아낀다면 "일단 들어보고", "무조건이 어디 있어?", "그래도 상대방 입장에서는", "생각 좀 해보고"라는 말은 있을 수 없다. 그건 나를 진짜로 좋아하는 게 아니고, 진짜로 사랑하는 게 아니고, 진짜로 아끼는 게 아니다. 너는 내 친구면서, 너는 내 연인이면서, 내 가족이면서 어떻게! 우리가 종종 이 지치고 서러운 세상에서 투정 부릴 때 하는 말들이다. 그래, 가끔은 업 클로즈 앤드 퍼스널(up close and personal)하게 대해주는 것도 배타성을 특징으로 하는 사랑이란 관계에 맞을 것 같다.

하지만 모든 관계는 나 한 사람이 맺는 것이다. 내가 관계 맺는 습관이 모든 관계에 반영된다. 어떤 관계도 공적으로, 사적으로 딱딱 끊어지지 않는다. 그래서 훈련이 필요하고 모든 관계에는 객관이 필요하다. 그 유명한 사마천司馬遷의 《사기史記》에 관계에 대해 도움받을 수 있는 아주 재미있는 이야기가 있다. 역아易牙라는 아주 뛰어난 요리사 이야기다.

역아는 제나라 환공桓公의 전속 요리사였다. 그는 절대미각을 가진 인물로, 입맛이 매우 예민해서 서로 섞어놓으면 구별하기 어려운 치수淄水와 민수澠水의 물맛도 곧잘 알아맞혔다고 한다. 그는 탁월한 요리 실력으로 사람들의 마음을 샀다. 먼저 제환공의 애첩인 장위희長衛姬의 마음을 얻었고, 장위희의 추천으로 제환공의 앞에까지 서게 되었다.

역아를 만난 제환공은 농담 삼아 자신이 천하진미를 다 먹어보았는데 사람 고기만 먹어보지 못했다는 이야기를 던졌다. 얼마 뒤 역아가 요리를 만들어 제환공에게 바쳤는데 그 맛이 매우 뛰어났다. 예상했겠지만 이 고기는 인육이었다.

고기 요리를 맛있게 하려면 육질이 연하고 잡내가 없어야 하고, 그러기 위해서는 어린 고기를 써야 한다. 그래서 그는 자기 아들을 희생시켜 아들의 고기로 요리를 만들어 올렸다. 제환공은 이 사실을 알고 속이 매스꺼워지는 것을 느끼면서, 한편으로는 역아가 자신을 위해 자식을 바쳤다면 자식보다 자신을 훨씬 중요하게 여긴 것이 아니겠는가 생각했다. 그는 역아가 믿을 만한 사람이라고 생각해 그를 내시총관으로 삼아 곁에 두었다. 이후 제환공은 역아가 곁에 없으면 병이 들 정도로 그를 특별히 아꼈다.

한편, 제나라에는 관중管仲이라는 아주 뛰어난 재상이 있었다. 관중은 탁월한 판단력과 기획력으로 제나라를 강성하게 만들어 제환공을 춘추시대 제일의 패자霸者로 올려놓았다. 관중은 역아에 대해 제환공과 다른 생각을 가지고 있었다.

관중은 제환공보다 일찍 사망했는데, 그의 죽음이 임박할 즈음 제환공이 관중의 문병을 가서 자신이 총애하는 신하들에 대해 질문했다. 물론 역아도 포함돼 있었다. 그런데 관중은 '그에게 권력을 주어서는 안 된다'고 대답했다. 제환공은 의아한 생각이 들어 물었다.

"역아는 자기가 가장 아끼는 아들을 삶아서 나에게 바친 사람인데, 이렇게 충성심이 강한 사람까지 의심해야 하는가?"

그러자 관중은 이렇게 대답했다. "인지상정으로 말하자면, 자기 아들을 사랑하지 않는 사람은 없습니다. 차마 자기 아들까지 죽일 정도라면, 나중에 임금에게 무슨 짓인들 못하겠습니까?"

그러나 제환공은 관중의 말을 받아들이지 못했고, 결국 그의 말년은 역아로 인해 비참해진다. 왕에게 진심 어린 조언을 하던 신하들이 사라지자 역아를 필두로 수조豎刁와 개방開方 등 왕에게 총애받던 신하들이 정권을 농단하기 시작한 것이다. 이들은 제환공이 병들자 궁에 가두고 왕명을 사칭해 하고 싶은 짓을 다 했다. 나라는 걷잡을 수 없는 혼란에 빠졌고, 강대한 나라의 임금이었던 제환공은 밀실에서 무려 굶어 죽었다. 이어 제나라에는 왕위를 차지하기 위한 다섯 공자들의 난이 일어났다. 난이 모두 진압된 후에 궁에 가보니 제환공의 시체는 이미 두 달 이상 방치돼서 구더기가 가득했다고 한다.

제환공과 관중은 역아의 행동을 다르게 평가했다. 제환공은 역아가 그렇게 행동했기 때문에 그를 신뢰했고, 관중은 역아가 그렇게 행동했기 때문에 그를 가까이해서는 안 된다고 보았다. 제환공의 핵심 기준은 '특별히 나를 위해'였고 관중의 핵심 기준은 보편 정서였다.

우리는 누군가를 좋아하기 때문에, 사랑하기 때문에, 환심을 사고 싶기 때문에 어떤 행동을 한다. 물론 사람 고기로 요리를 해서 바치지는 않지만 음식 하나로도 사람을 읽을 수 있다. 관중은 '보편'을 놓치지 말라고 당부한다. 제환공이 사람 고기를 보고 순간적인 매스꺼움을 느끼는 정도가 아니라 평소 요리사든 자신과 같은 권력자든 인간으로서 스스로를 돌아보는 힘을 기르고 있었다면 역아가 어디서부터 잘못되어 있는지 발견할 수 있었을 것이다. 누군가가 나를 위해 특별히 해주는 무언가가, 혹은 내가 누군가를 위해 특별히 하는 무언가가 과한지 아닌지를 판단할 수 있는 통찰력은 나를 객관적으로 볼 수 있을 때 생긴다.

역아가 사람 고기로 요리를 해서 바쳤다고 하면 많은 사람들은 "헉! 어떻게 사람을! 그것도 자기 자식을!" 하며 놀란다. 나는 그런 사람과 다르다는 것이다.

물론 우리는 사람 고기를 먹지 않는다. 그러나 너를 위해서라는 말로 행하는 보편이 아닌 그 모든 행동은 사람 고기와 다를 바가 없고, 그렇다면 우리 중 누구도 사람 고기의 늪에서 자유롭지 못하다.

사랑이란 이름으로 행해지는 수많은 병폐를 본다. 내 자식 앞길 망칠까 봐, 내 자식 주눅 들까 봐, 너만을 위해 특별히, 사랑하니까 특별히…….

이러한 이유로 아무렇지 않게 행해지는 그 '모오든' 편법을 본다. 이 모두가 사람 고기다. 사랑할수록 객관을 유지해야 한다. '사람으로서 사람답게'가 사랑이라는 이름으로 가능한 최대 행동 범주임을 잊어서는 안 된다. 보편을 저버린 특별함은 결국 나와 너, 그리고 우리 사회 전체를 병들게 할 뿐이다.

이기적인 행동으로 민폐를 끼치는 엄마들을 겨냥한 신조어 '맘충'이 사회적으로 논란이 되고 있다. 유력 정치인들은 자녀의 취업 청탁, 입시 청탁, 범죄 무마 등을 언제고 멈추지 않는다. 부동산 투기가 여전히 대한민국에서 기승이고 '조물주 위에 건물주'라는 말이 떠도는 것은, 오랜 경기 불황에 대한 대비책으로 자녀들에게 집이라도 한 채 물려주고 가려는 부모의 마음들이 모인 결과다.

한 개인이 성장하는 데 있어 가정의 소중함은 아무리 강조해도 지나치지 않을 것이다. 그런데 요즘 우리나라를 둘러보면 가정의 소중함을 넘어서서 가족 중심주의 혹은 가족 이기주의로 치닫고 있지 않나 하는 생각이 든다. 우리가 가정을 소중히 여기고 가꿔야 하는 이유는 내 가족 중심, 내 가족만 잘되면 그만이라는 생각을 뿌리 깊게 갖기 위해서가 아니라 가족에게서 배우는 따뜻함과 사랑으로 더 넓은 세상을 따스하고 풍요롭게 만들기 위해서가 아닐까?

《장자전서張子全書》 권1 〈책상 오른쪽에 써 붙인 경계의 글: 서명西銘〉에는 우리의 눈으로 보기에는 스케일이 어마어마한 글 한 편이 실려 있다.

"하늘을 아버지라 부르고 땅을 어머니라 부르니, 내 이 작은 몸이 천지 간에 섞여 그 사이에 있도다. 그러므로 천지에 가득한 생명력이 나라는 형체가 되고 천지를 이끄는 원리가 나의 본성이 되었으니, 백성들은 나의 친형제자매이고, 만물은 나와 같은 무리이다. 최고 지도자는 내 부모의 맏아들이고, 그 아래 정치·행정가들은 맏아들의 가신이다. 나이 많은 어르신을 높이는 것은 어른을 어른으로 섬기는 것이고, 고아와 약자를 사랑하는 것은 나의 아이를 돌보듯 보살피는 것이다. 성인은 천지와 그 덕을 합한 자이고, 현인은 빼어난 자이다. 세상의 노약자, 장애인, 의지할 곳 없는 사람, 과부와 홀아비는 모두 내 형제 중에 어렵고 곤궁하여 하소연할 곳이 없는 자들이다."

乾稱父, 坤稱母; 予茲藐焉, 乃混然中處. 故天地之塞, 吾其體; 天地之帥, 吾其性. 民, 吾同胞; 物, 吾與也. 大君者, 吾父母宗子; 其大臣, 宗子之家相也. 尊高年, 所以長其長; 慈孤弱, 所以幼其幼; 聖, 其合德; 賢, 其秀也. 凡天下疲癃·殘疾·悍獨·鰥寡, 皆吾兄弟之顚連而無告者也.

중국 송나라 철학자인 장재張載가 쓴 글이다. 장재는 훗날 주희朱熹
가 성리학을 집대성하는 데 큰 영향을 미친 인물로, 송나라 5대 철학
자 중 한 명이다.

보다시피 이 글은 엄청난 규모로 시야를 넓고 깊게 틔우면서도 무
척 아름답다. 유가에서는 '자기 어버이를 어버이로 받들고 그 사랑을
확장시켜 백성을 사랑하고, 그 사랑을 확장시켜 천하만물을 아낀다'
라는 사랑의 단계별 확장을 중요하게 여긴다. '가족의 인간관계를 가
족 이외의 사회 관계로 확대하고 적용하려는 사고방식'으로서 가족
주의를 주장하는 것이다.

그러므로 가족주의는 가족 이기주의가 아니다. 사랑은 반드시 확
장되어야 한다. 가족으로부터 출발하는 사랑이 문제가 아니라, 그 사
랑이 가족의 울타리를 넘어서지 못하는 게 문제다. 우리 사회에 만연
한 가족 이기주의는 유학에서 비롯된 것이 아니라 내 좁은 시야의 결
과물인 것이다.

장재는 먼저 우리가 가지고 있는 개념을 확장시킨다. 부모가 나를
낳은 건 사실이지만, 이 세상에는 부모의 몸을 통해 나라는 존재가
태어날 수 있게 한 훨씬 거대한 원리가 존재한다는 것이다. 작게 보
면 부모가 나를 낳았지만 크게 보면 우주만물의 생성원리가 나를 낳

았다. 그래서 하늘이 내 아버지가 되고 땅이 내 어머니가 된다. 여기서 원문을 보면 하늘을 천天이 아닌 건乾으로 썼고, 땅을 지地가 아닌 곤坤으로 썼다. 주역에서 음과 양을 대표하는 개념을 가져온 것으로, 만물이 생성하고 소멸하는 원리 속에 나도 포함돼 있다는 의미다.

그렇게 나는 모든 사람들과 형제자매가 되고, 천하만물과 같은 무리가 된다. 시야를 이렇게 확장하면 내가 어떤 울타리를 내세워 내 피붙이와 남을 차별하거나 적대시하고, 내 것과 남의 것을 나누어 함부로 할 수 있을까? 연장자에 대한 존중이란 거창한 것이 아니라 그저 어른을 어른으로 대접하는 것이고, 고아와 약자를 사랑한다는 것은 그저 내 아이를 보살피듯 보살피는 것이다. 성인이나 현자는 대단한 뭔가를 타고나는 사람이 아니라 그저 이 원리를 잘 실천하는 사람이다. 세상의 노약자, 장애인, 의지할 곳 없는 사람, 과부와 홀아비는 모두 내 형제들 중에 좀 더 어렵고 곤궁한 자들이다.

유학이나 성리학에서 말하는 수신修身은 대단한 것이 아니다. 내가 나를 만나는 것이다. 내게 이기적인 마음, 욕심 가득한 마음, 나와 남을 구분하고 나를 위해 남을 수단으로 삼는 마음이 나를 얼마나 강하게 지배하고 있는지를 살피고 그 마음을 지워나가는 것이다.

이기심은 정말 무서운 것이다. 남과 내 가족이 있을 때는 내 가족을 중심으로 삼지만 가족끼리 있을 때는 나를 중심으로 삼는다. 우리는 안다. 부모와 자식도 결코 서로에게 무한히 이타적이지 않다는 것을. '다 너를 위해서', '다 당신을 위해서'라는 말이, 내가 사랑하는 너를 위해서라는 말이 실은 얼마나 자기중심적인지를. 때로는 내 위신, 내 위치, 내 장래, 내 편안함을 위해서 가족을 싸고돌기도 한다. 그래서 이게 정말 내 가족이 원하는 방식인지를 따지지 않고 '너를 위해서'라는 핑계를 대는 것이다.

최근 사회 문제로 떠오르고 있는 '노키즈존' 논란도 여기서 크게 벗어나지 않는다. 이건 단순히 어린아이를 입장시키느냐 마느냐의 문제가 아니라, 어른과 공존할 수 있는 존재로 교육하고 있느냐, 공동교육의 장에 내 아이를 풀어놓을 수 있느냐의 문제이기 때문이다. 사랑의 방식에는 분명 훈계와 꾸지람도 있다. 너와 내 아이 모두에게 칭찬과 사랑, 훈계와 꾸지람을 줄 수 있어야 한다. 칭찬과 사랑을 달게 받듯 훈계와 꾸지람도 달게 받을 수 있다면 노키즈존 문제는 좀 더 수월하게 해결될 수 있지 않을까?

내 가족을 위한 사랑은 하루가 다르게 화려해진다. 국민 소득이 높아질수록 어린이날, 어버이날, 성년의날 선물은 넘쳐나고 수많은 이벤트로 사회가 떠들썩하다. 이렇게 울타리 안이 화려해질수록 울타리 바깥의 그늘은 점점 더 짙어진다. 화려함에 취해 있을 때 그늘을 돌아보기란 아무래도 김새는 일이니까.

처음 장재는 책의 이름을 《정완訂頑》이라고 붙였다. '완악함을 바로잡음'이라는 뜻이다. 이 글의 마지막에 그는 이렇게 썼다. "살아서는 하늘의 뜻을 따라 살고, 죽어서는 편안하다."

이렇게 넓게, 멀리 바라보며 사는 것이 내 완악함을 바로잡는 길이
다. 완악함을 바로잡아 세상을 사랑하며 사는 것이 인간에게 주어진
역할의 전부이지 않을까.

몇 년 전 봄에, 강남 버스 정류장에서 버스를 기다린 적이 있다. 그때 내 눈에 비친 풍경은 삭막하기 그지없었다. 뻥 뚫린 도로에 거대한 건물이 사방으로 즐비한데, 가로수 한 그루 찾을 수가 없었다.

햇빛이 내리쬐는 그곳에 어디선가 흰 나비 한 마리가 팔랑거리며 날아들었다. 어디서 온 것일까? 나비의 가벼운 날갯짓을 보다가 문득 안쓰러운 생각이 들었다. '날개 접고 쉴 풀 한 포기 없는 곳에 넌 어쩌다 오게 되었니?'

그런데 그때 나비가 나에게 날아드는 게 아닌가? 내 옷이 초록색 이어서 그랬을까? 나비는 팔짱을 끼고 있던 내 팔꿈치 쪽으로 날아 들어 잠시 쉬다가 다시 날아갔다. 기이한 경험이었다. 마치 내가 안

쓰러워하는 마음이 나비에게 오롯이 전해진 것처럼. 이런 게 교감인가 싶었다.

그날 이후로 꽃이든 나비든 새든 동물이든, 생명이 있는 모든 것이 참 예뻐 보이고, 제 수명대로 잘 살았으면 좋겠다는 마음을 갖게 되었다. 도시가 그들에게 조금 덜 삭막한 공간이 되었으면 좋겠다는 바람도 함께 갖게 되었다.

모든 생명은 제 스스로 편안하게 머물 수 있는 곳에 있을 때 가장 아름답다. 그와 함께 있고 싶다면 내가 그쪽으로 가서 잠시 머물면 되지, 굳이 내 울타리 안으로 들일 필요가 없다. 바람이 불면 부는 대로 나면 나는 대로, 달빛이 머물면 머무는 대로 햇빛이 머물면 머무는 대로, 작은 집 툇마루에 앉아 주변을 한번 돌아보면 사계절이 모두 나와 함께한다는 걸 알 수 있다. 그러면 굳이 내 울타리를 치고 내 정원을 만들지 않아도 괜찮지 않을까? 그러나 세상은 울타리 안에 들여야 비로소 '내 것'이 된다고 가르친다.《열자列子》의 〈황제皇帝〉 편에는 인간의 이러한 망상이 얼마나 어리석은지 꾸짖는 글이 실려 있다.

바닷가에 사는 어떤 사람이 갈매기를 좋아했다. 그는 매일 아침 바닷가로 나가 갈매기와 놀았는데, 그에게 다가오는 갈매기가 백 마리도 넘었다. 어느 날 그의 아버지가 그에게 말했다.

"듣자 하니 갈매기가 모두 너랑 논다지? 그럼 네가 좀 잡아오렴.

내가 그것들을 가지고 놀고 싶구나!"

이튿날 아침 그가 다시 바닷가로 갔다. 그러나 갈매기들은 훨훨 날기만 하고 땅으로 내려오지 않았다. 열자는 이 이야기를 다음과 같이 정리했다.

"그렇기 때문에 '최상의 말은 언어를 떠나고, 최상의 행위는 행동이 없으니, 일반인들의 평범한 지혜가 아는 것은 도의 수준이 얕다'라고 하는 것이다."

故曰, 至言去言, 至爲無爲; 齊智之所知, 則淺矣.

갈매기를 좋아하는 사람이 갈매기와 즐겁게 놀 수 있었던 까닭은 말을 떠난 말에서 갈매기들이 그의 진심을 알았고, 행위를 떠난 행위에서 그의 진정성을 느꼈기 때문이다. 말하지 않아도 아는, 진짜 교감이 있었던 것이다.

우리는 생명이 있는 것을 영물靈物이라고 부른다. 그래서 교감할 수 있고, 언어를 몰라도 통할 수 있다. 아니, 어쩌면 언어를 모르는 사이여서 언어에 속지 않고 진심을 더 잘 알아챌 수 있을 것이다. 언어를 넘어서는 진짜 정보가 언어의 방해를 받지 않고 곧바로 전달되기 때문이다. 몇 년 전에 본 그 나비도 나의 진심을 읽었기 때문에 내 팔에서 잠시 머물렀던 거겠지.

세상은 갈매기 친구의 아버지처럼 네 능력을 펼쳐 세상을 다 가지라고 말한다. 내 삶의 자세를 스스로 결정하고 돌아보고 수습하는 사람들도 그런 말에 휘둘리기 쉬운데, 그저 타고난 선한 태도로 세상과 아름답게 교류하는 사람들은 오죽할까? 그 유혹에 쉽게 빠져 평화롭고 평등했던 교류를 끝내고 소유욕에 사로잡히면 자신도, 상대도 괴로워진다.

'갈매기와 친하게 지낸다'고 하니 떠오르는 동네가 있다. 부산 갈매기? 아니다. 바로 강남의 그 유명한 압구정동이다. 압구정은 수양대군을 왕으로 추대하며 세조의 시대를 연 한명회韓明澮가 지은 정자로, 세속을 떠나 갈매기와 물새를 벗 삼아 유유자적하며 살겠다는 의미가 담겨 있다.

그러나 잘 알려진 대로 한명회는 전혀 그렇게 살지 못했다. 중국의 사신이 조선에 왔을 때 압구정을 구경하고 싶다고 할 정도로 이 정자는 화려했다. 이에 한명회는 왕이 쓰는 용봉차일龍鳳遮日을 쓰게 해달라고 요청할 정도로 왕에게 무례하게 굴었다. 성종이 허락하지 않자 한명회가 오히려 화를 내는 바람에 탄핵을 당해 외지로 귀양을 가기도 했다.

한명회는 세조의 책사로 만족하지 못해 자신의 두 딸을 한 명은 예종에게, 한 명은 성종에게 시집보내면서까지 권력에 집착했다. 그랬던 사람이니 아무리 멋진 뜻을 품고 정자를 지어도 마음을 붙일 수 없었을 것이다. 그래서 압구정과 한명회를 비난하는 시들이 지어지기도 했다.

　사방에서 세상을 가지라고 외치는 시대에, 우리는 자연도 세상도 내 울타리 안으로 들여와 화려한 인생을 꾸미느라 시간을 낭비하고 있는 건 아닌지 모르겠다. 그러지 말고 내 손으로 그 울타리를 걷어보면 어떨까? 울타리를 걷지 못하겠으면 일단 울타리 밖으로 한번쯤 나가보면 어떨까? 마음이 여유로워야 진짜 여유다. 각자의 자리를 있는 그대로 존중하는 마음이 욕심으로 달아오른 열을 식혀줄 것이다. 우리 앞에 놓인 시간이 모든 생명에게 조금 더 넉넉하고 아름답기를 소망해본다.

이번에는 내게 무작정 들이댔던, 나름 독특한 취향을 가졌던 남자에 대해 말해보겠다. 사실 나는 남자들이 보편적으로 좋아하는 외모를 가진 사람은 아니다. 과거에도 그랬고 지금도 크게 달라지지 않았다. 머리는 꽤 짧고 거의 바지 차림에, 남방이든 티셔츠든 헐렁하고 큼지막하게 입는 걸 좋아하니까. 물론 매우 객관적인 시각으로 볼 때 나의 외모는 계속 발전하고 있다. 참고로 보지 않고도 믿는 것이 가장 큰 믿음이라는 사실을 이 대목에서 꼭 이야기하고 싶다.

여하튼 대학에 다닐 때 나는 별로 인기 있는 사람이 아니었다. 그런데 가끔, 아주 가끔, 아아아주 가끔 몹시 독특한 취향을 가진 남자들을 만나기도 했다. 무작정 내가 좋다는 거다. 거 참 당황스러운 일이 아닐 수 없었다.

그 일은 대학 졸업 후에 벌어졌다. 나는 대학 재학 시절 노래 동아리에서 활동했는데, 그 동아리는 졸업생도 모임에 나갈 수 있었다. 당연히 나는 졸업 후에도 오랫동안 동아리에 얼굴을 비췄다. 정기 공연도 했는데 그해에는 내가 연습에 꾸준히 참여할 수 없었기 때문에 공연만 보고 뒤풀이 자리에 참석했다. 문제의 그 남자도 그날 공연을 보고 뒤풀이 자리에 왔다. 그 전까지는 그 사람과 이야기를 나눠본 적이 없기에 그 사람과 나는 서로를 알지도 않고 모르지도 않는 어정쩡한 사이였다.

우리는 뒤풀이 장소로 압구정의 어느 카페를 빌려 밤새도록 놀았다. 노래를 부르고 술을 마시고, 술을 마시고 노래를 부르고, 한참을 떠들다가 또 노래를 부르고 술을 마시고, 술을 마시고 노래를 부르고, 꾸벅꾸벅 졸다 깨면 또 노래를 부르고 웃고 떠들고……. 그렇게 정신없이 노는데 우연히 그 사람이 이 테이블 저 테이블을 돌고 돌다 나랑 같은 자리에 앉게 되었다. 그는 그날 처음 나를 자세히 들여다봤나 보다. 여기서 한 가지 진실을 언급하자면, 나란 사람은 찬찬히 들여다보면 아주 예쁜 구석이 있는 여자다. 아빠도 인정한 진리다! 말하자면, 그 사람은 그날 나의 예쁜 구석을 발견한 거다. 그와 이런 저런 얘기를 하는데 갑자기 눈빛이 달라지는 게 느껴졌다. 그러더니 갑자기 나에게 어마어마한 칭찬을 쏟아내기 시작했다.

"자헌아!"

"왜?"

"자헌아!"

"왜?"

"너 정말 이쁘다!"

"왜 그래? 취했어?" (얘가 미쳤나?)

"아니야, 아니야! 형님, 자헌이가 원래 이렇게 예뻤습니까?"

"자헌이 원래 예쁘지." (이 선배는 그걸 또 답해준다!)

"너 죽을래? 형님, 제가 예쁘긴 하지만 얘 취했네요." (이건 내 대답)

"아닙니다, 형님. 자헌이가 그냥 예쁜 정도가 아닙니다. 뭐라 형언할 수 없이 맑고 아름다운 눈을 가졌습니다! 이런 맑고 투명한 눈은 정말이지, 아, 뭐라고 표현해야 할까? 아⋯⋯! 정말 그냥 보고만 있어도 황홀할 만큼 아름답지 않습니까?"

이 사람은 나름 문학 소년이어서 앞에서 무슨 얘기를 할 때마다 사람들이 킥킥대곤 했다. 그 부담스럽고 장황하고 과장된 수사는 정말이지 당황스러워서 웃는 것 외엔 대책이 없는 수준이었다. 그날 그의 장황한 수사의 대상이 내가 된 거다.

"자헌아!"

"왜 또? 뭐?"

"나⋯⋯ 너의 눈동자에 빠져 헤엄치고 싶다⋯⋯!"

모두, 나도 선배도 그 자리에 있던 다른 사람들도 마시던 술을 뿐이었다. 나는 이 상황을 수습하며 도망갈 시간이 됐음을 직감했다. 잡히면 죽음이야! 내가 대충 알고 있는 이 사람의 똘끼는 내가 감당할 수 있는 수준이 아니었다. 그 똘끼가 내게 쏟아진다면? 나는 다음날 지하철 첫차가 운행할 때까지 밤새 그 아이를 피해 다녔고, 이 사람은 나를 쫓고 또 쫓았다. 심지어 압구정동 골목에서 꼭두새벽에 숨바꼭질까지 했다. 결국 그에게 잡혔을 때 내가 어떻게 했을까? 나는 찔러도 피 한 방울 안 나올 법한 무서운 여자의 진수를 보여주고 지하철역으로 향했다.

내가 지금까지 내 눈을 온전하게 보전해 자판을 두드릴 수 있는 것은 그때 그를 끊은 덕분이다. 그 아이가 내 눈에서 헤엄을 쳤으면 내 눈이 어찌 온전할 수 있었을까? 사실 그가 내 눈에서 헤엄치게 해주는 게 아주 불가능한 일이 아니었을 수도 있다. 그렇다 해도 '너라면 내 두 눈에 확장 공사를 해서라도 네가 헤엄칠 수 있게 해주마!' 하는 마음을 먹을 수 있을 정도로 매력적이어야 뭐라도 해볼 게 아닌가? 말을 하면 할수록 무덤으로 들어가는 형세라니…….

나의 지난한 연애사(?)를 이렇게 길게 쓰는 이유는 《논어》 〈계씨季氏〉 편에서 읽은 '어떤 친구를 벗으로 삼을 것인가'와 관련해 나누고 싶은 부분이 있어서다.

"도움 되는 벗이 셋이 있고 손해되는 벗이 셋이 있습니다. 정직하고, 성실하고, 박학다식한 사람을 벗하면 많은 도움을 받을 수 있어요. 하지만 겉만 그럴싸하게 꾸몄을 뿐 실제로 정직하지 않거나, 살살 아첨하면서 내 기분만 맞춰주거나, 아는 것도 없으면서 말만 그럴싸하게 하는 사람을 벗하면 내 손해죠."

益者三友, 損者三友. 友直, 友諒, 友多聞, 益矣; 友便辟, 友善柔, 友便佞, 損矣.

나는 그 사람을 떠올릴 때마다 이 논어 구절이 생각난다. 나는 군자가 아니니 좋은 말을 해주면 호로록 넘어가는데…… 겉이 그럴싸하면 또 일단 넘어가는데…… 듣기 좋은 말이든 모르면서 아는 체하는 말이든 일단 겉모습이 멀쩡한 사람이 달달하게 이야기해주면 금세 넘어가는데…… 정직하고 성실하고 견문이 넓고 깊은지는 오래 사귀어야 제대로 알 수 있고, 일단은 내가 넘어가야 내실을 확인할 기회를 만들 거 아닌가? 글쓰기나 책과는 평생 담을 쌓고 산 사람이라면 당연히 기대할 게 없겠지만, 그 사람은 누가 뭐래도 진정한 문학소년이었다. 글쓰기를 사랑하고, 쓰는 글마다 책 읽은 냄새가 물씬 물씬 풍기는 문학소년.

이 일이 떠오를 때마다 그래서 아쉽다. 결국 '벗'이 되지 못했으니 나는 여전히 그의 찬사가 정직한 것인지 겉만 그럴싸하게 꾸민 것인지 모른다. 진정으로 말한 것인지 살살 아첨하며 내 기분만 맞춰준 것인지도 모른다. 진짜 문학소년인지 말만 그럴싸하게 한 것인지 모른다. 결국 벗이 되지 못했으니 어떤 사람인지 잘 모른다. 하지만 그는 벗은 아니어도 내게 도움이 되는 사람이다.

"나…… 너의 눈동자에 빠져 헤엄치고 싶다……!"

가끔 힘이 들 때 이 말이 떠오른다. 닭살이 천 리 밖까지 돋는 이 말이 자존감이 바닥을 칠 때 힘이 된다. 내가 누군가에게 이렇게까지 매력적인 사람이구나, 고마워, 옛 추억의 너!

뒤늦게 〈슈퍼밴드〉라는 음악 예능 프로그램을 열심히 시청했다. 일종의 오디션 프로그램인데, 여러 밴드의 보컬 및 세션 멤버들이 출연해 저마다 기량을 선보이고 서로 원하는 멤버를 골라 팀을 이룬다. 그 팀들이 각자 무대를 선보이면, 팀별 평가와 개인 평가를 거쳐 생존자와 탈락자를 가린다. 생존자들은 또다시 원하는 멤버들로 밴드를 결성해 새로운 무대를 선보이는 식으로 4개 팀이 최종 경연에 올라간 다음, 우승팀을 결정하는 방식이었다.

대체로 이런 프로그램은 경쟁이 기본 포맷이 될 수밖에 없다. 자신의 기량을 평가받고 대중에게 자신을 알린다는 목표를 가질 수도 있지만 그마저도 기회가 있어야 가능하고, 기회를 잡으려면 결국 경쟁에서 이겨야 하기 때문이다. 끊임없이 경쟁해야 하는 현실의 삶도 벅차데 예능에서도 경쟁하는 걸 봐야 하나 싶어 경연 프로그램을 별로 선호하지 않는 편이다. 그래서 처음에는 이 프로그램에도 전혀 관심을 두지 않았다.

이 프로그램을 굳이 보게 된 건 지인의 적극적인 추천 때문이었다. 여전히 내키지 않았지만 귀가 워낙 얇아서 속는 셈치고 다시보기를 했다. 1~2회까지는 '좋은 음악 들을 수 있으니까' 하는 정도로 만족하며 시청했다. 그러다 '아일'이라는 선배 가수가 '하현상'이라는 후배 가수를 끌어안는 모습을 보면서 이 프로그램에 사로잡혔다.

하현상 씨는 나이가 꽤 어린데, 목소리는 괜찮지만 초반에 선곡을 잘하지 못해 고전을 면치 못하고 있었다. 토너먼트 방식으로 진행된 경연에서 심사위원 다섯 명이 모두 그와 겨룬 상대 팀에게 표를 주었다. 하현상 씨는 두 번의 경연에서 모두 졌는데, 이 모습을 다른 팀 멤버였던 아일 씨가 지켜보더니 다음 경연 팀을 꾸릴 때 그를 영입했다. 그는 하현상 씨가 아직 자기 기량을 제대로 발휘하지 못하고 있다고 생각했고, 자기 목소리에 잘 맞는 곡을 선택하면 훨씬 빛날 수 있는 사람이라고 보았다. 같은 팀을 이룬 베이스 주자와 첼로 주자도 아일과 같은 마음이었다.

이들은 무조건 이기자면서도 "현상이가 하고 싶은 거 다 해"에 더 마음을 쏟는 듯했다. 이길 수 있는 노래, 심사위원의 마음을 사로잡

괜찮은 사람이 되고 싶어서

을 수 있는 곡을 고르기 위해 최선을 다하는 것이 아니라 어린 후배 가수를 북돋워주기 위해, 그에게 잘 어울리는 노래를 마음껏 부르게 해주기 위해 최선을 다했다. 마음이 따뜻해졌다. 참 멋진 선배, 참 아름다운 어른의 모습이었다.

"사람은 그 자체로 완벽하게 태어나는 존재가 아니라 길러지는 존재입니다. 균형 잡힌 사고와 행동을 하는 사람은 그렇지 못한 사람을 길러주고, 재능과 역량을 발휘하는 사람은 그렇지 못한 사람을 길러줍니다. 훌륭한 부모와 선배가 있어 좋다는 게 바로 이 때문이죠.
만약 균형 잡힌 사고와 행동을 하는 사람이 아직 그렇지 못한 사람을 나몰라라 하고, 재능과 역량을 발휘하는 사람이 아직 그렇지 못한 사람을 나몰라라 한다? 그래서야 어딜 봐서 훌륭한 사람이겠습니까? 지지리 못난 사람과 아무 차이가 없죠."
孟子曰: 中也養不中, 才也養不才, 故人樂有賢父兄也. 如中也棄不中, 才也棄不才, 則賢不肖之相去, 其間不能以寸.

아일 씨를 보면서 정확히 《맹자》 〈이루 하〉 편의 저 구절이 떠올랐다. 훌륭한 부모와 선배, 기성세대가 필요한 것은 그들이 젊은 세대 위에 군림하면서 이미 가진 능력과 힘을 제멋대로 휘두르기 위해서가 아니라 자신들이 쌓은 지식과 지혜를 잘 물려주어 젊은 세대가 자신들의 앞날을 더 멋지게 헤쳐 나갈 수 있도록 도와주기 위해서다.

세상은 언제나 좋은 선배를 필요로 한다. 더 나은 세상을 만들려면 오늘보다 내일이 더 나아야 하는데, 그러자면 재능과 가능성을 충분히 가졌으면서도 아직 자기 자신을 잘 알지 못해서 제대로 능력을 발휘하지 못하고 있는 후배를 발견하고 이끌어줄 수 있는 선배가 필요하기 때문이다.

시행착오가 없을 수는 없지만 경험 많은 좋은 선배가 있다면 덜 아프고 덜 고생하면서 조금이라도 빨리 이득이 되는 방향으로 나아갈 수 있다. 역량 있는 좋은 선배가 후배들을 자기보다 더 나은 사람으로 길러낼 때 세상은 더 좋은 곳이 된다. 뜻밖에도 경쟁 프로그램이 이 공식을 멋지게 현실로 보여주었다.

재능이 제대로 발휘되어야 좋은 결과를 얻을 수 있다. 재능이 제대로 발휘되면 당사자만 좋은 것이 아니라 그가 속한 집단에도 도움이 된다. 그 결과를 함께 누릴 수 있기 때문이다. 나를 알아주는 사람들과 함께 일할 때 우리는 경쟁이 아니라 일하는 과정 자체를 즐기는 기쁨을 누리게 된다. 누군가를 이겨야 한다는 압박감은 있는 에너지도 소진시키지만 보답하고 싶은 마음, 함께 있는 것만으로도 행복한 마음은 없는 힘도 솟아나게 한다.

〈슈퍼밴드〉에서 아일 씨와 하현상 씨는 늘 함께했던 첼로 주자와 함께 결국 우승을 차지했다. 그들에게서 경쟁과 우승에 대한 압박감과 초조함은 찾아볼 수 없었다. 세상이 뭐라 하든 내가 너를 지켜봐

주겠다는 그들의 마지막 노래는, 이들이 이 프로그램을 함께하면서 얻은 교훈이 아니었을까? 상대를 이겨야 이기는 게 아니다. '너'를 세워 '우리'가 함께 이기는 우승도 있다. 좋은 선배란 이 길을 보여주고 열어주는 사람일 것이다.

2장

공부를
다짐하다

발전하는 내가 되고 싶어서

혹시 올해 계획으로 외국어 하나 정도는 꼭 제대로 배우겠다는 계획을 세웠다면,《맹자》〈등문공滕文公〉 하편에 소개된 외국어 학습법을 눈여겨보면 좋겠다. 뭐?《맹자》에 외국어 학습법이 나와 있다고? 함께 살펴보자.

하루는 맹자가 송나라 신하인 대불승戴不勝을 만나서 대화를 나누었다. 대불승은 임금을 성군으로 만들고자 하는 꽤 괜찮은 신하였다. 맹자가 대불승에게 물었다.

"그대는 그대 임금이 훌륭해지기를 바라시오?"

대불승은 '물론'이라고 답한다. 맹자는 강한 확신의 대답을 듣고 그렇다면 방법을 가르쳐주겠다며 이야기를 시작한다.

"어떤 초나라 고위 관료가 있다고 칩시다. 그 사람이 자기 아들에게 제나라 말을 가르치고 싶어해요. 자, 어떤 선생을 모셔야 할까요? 제나라 사람, 아니면 초나라 사람?"

"당연히 제나라 사람을 선생으로 들여야죠." 대불승이 대답했다. 그러자 맹자가 되물었다.

"정말 그럴까요? 그렇다면 제나라 사람이 아들을 가르치는데 주변에서 엄청 많은 초나라 사람들이 허구한 날 떠들어댄다면 어떨까요? 제나라 말을 익히라고 매일 다그쳐도 공부를 할 수 없겠죠. 그렇다면 아들을 제나라로 보내서 몇 년 살게 하면 어떨까요? 그땐 매일같이 초나라 말을 써야 한다고 다그쳐도 되지 않겠죠."

이 말이 외국어 공부를 하고 싶다면 어학연수를 보내라는 뜻일까? 그럴 리가! 맹자는 다만 환경의 중요성을 말하고 싶었다. 문법, 통사론, 어휘론 같은 것은 모르겠지만 회화를 하고 싶다면 아무래도 해당 언어를 실제로 쓰는 무리와 어울리는 것이 가장 빠른 방법인 것은 맞다. 외국어 선생님이 아무리 대단해도 하루 24시간 중에 한두 시간만 외국어를 하고 나머지 시간에는 모국어를 쓴다면, 살기 위해서라도 24시간 내내 외국어를 해야 하는 환경에 비해 실력이 더디게 늘 수밖에 없다. 그만큼 학습에서 환경은 중요하다.

맹자는 이 이야기를 통해 한 사람을 변화시키기 위해 얼마나 많은 공을 들여야 하는지 설명한다.

"그대는 설거주가 훌륭한 지성인이라고 왕의 곁에 두었습니다. 그런데 왕 옆에 있는 사람이 나이가 적든 많든, 지위가 높든 낮든 전부 설거주 같다면 왕이 누구와 도모해 나쁜 짓, 못난 짓을 하겠습니까? 반대로 왕 옆에 있는 사람이 하나같이 설거주와 질이 다른 사람이라면 왕이 누구와 도모해 훌륭한 일을 하겠습니까? 설거주 혼자 송나라 임금에게 뭘 어쩌할 수 있겠습니까?"

子謂薛居州善士也. 使之居於王所. 在於王所者, 長幼卑尊, 皆薛居州也, 王誰與爲不善? 在王所者, 長幼卑尊, 皆非薛居州也, 王誰與爲善? 一薛居州, 獨如宋王何?

당시 설거주라는 사람은 학식과 인품이 매우 탁월한 사람이라고 인정받고 있었던 모양이다. 그래서 대불승은 왕에게 설거주를 적극 추천한다. 그는 설거주가 왕에게 많은 영향을 미쳐 왕이 사려 깊고 백성을 생각할 줄 알고 나라의 비전을 잘 제시할 수 있는 지도자로 거듭나기를 바랐을 것이다. 그런데 맹자는 대불승이 미처 생각하지 못한 부분을 짚어낸다. 설거주가 왕의 일상에 얼마만큼의 비중을 차지하느냐는 것이다.

대불승은 질적으로 뛰어나면 양적인 부분은 해결될 거라 믿었다. 그러나 맹자는 양적인 부분의 중요성을 분명하게 지적한다. 설거주가 매일 왕을 만날 수 없고, 설령 매일 만난다 해도 늘 붙어 있을 수는 없는 노릇이다. 숱한 신하들과 환관과 비빈, 궁녀 등 수많은 이가 왕이 고개만 돌리면 닿을 곳에 있으면서 왕에게 온갖 이야기를 전한다. 좋은 말은 귀에 박히기 어려운데 좋은 사람이 잠깐 머물면서 지키기 어려운 이야기를 하다 사라지고, 나머지 시간에는 욕심과 욕망이 가득한 사람들이 왕에게 아첨하며 듣기 좋은 이야기만 한다면, 제아무리 설거주라 해도 도저히 왕을 교화시킬 방법이 없지 않겠느냐는 것이다.

한 사람을 변화시키려면 어마어마한 노력이 들어간다. 세상 쉽게 자란다는 식물도 며칠만 햇볕을 못 쬐면 금방 시들시들해진다. 좋은 가치는 가뜩이나 싹 틔우기 어려운데, 어쩌다 한번 미루고 미루다가 아무래도 안 되겠어서 한번 시도해보는 걸로 그친다면 결과를 얻을 수 없는 건 너무도 자명하다.

맹자는 무언가를 이루고자 한다면 그 노력은 반드시 적극적이어야 한다고 말한다. 좋은 선생님은 환경이 갖추어진 다음에 의미가 있다. 좋은 선생님이 전체일 수는 없다. 전체가 망가졌다면 더 이상 손을 대기 힘들지만, 전체적인 여건이 갖춰졌다면 최고의 성과를 얻을 수 있도록 돕는 것이 설거주가 할 수 있는 역할이다. 우리의 계획이 자꾸 실패로 돌아가는 까닭은 많은 경우 설거주 한 명으로 쉽게 뭔가를 해보려 하기 때문이 아닐까.

인문학에 사람들이 관심을 갖는 이유는 인문학적 사고가 상상력을 길러주고 풍부한 상상력이 기발한 상품을 탄생시켜 성공을 가져다주기 때문이기도 하겠지만, 그것보다는 지금과 같은 혼란의 시대에 '삶의 방향성'을 제시하기 때문일 것이다.

여러 인문학 강의에서 젊은 수강생들이 인생의 비전이나 삶의 방향에 대해 질문하는 것을 많이 보았다. 분명 한국 사회는 더 이상 예전의 가치관으로 살아갈 수 없는 상황에 직면했다. 그동안의 성장 방식, 지금까지 성공한 방식은 더 이상 유효하지 않다. 그래서 불안해지고, 그래서 더 빨리 명확한 답을 들으려 한다.

하지만 지극히 특별한 한 개인의 인생의 답이 자신과는 다른 삶을 살아온 다른 한 사람에게서 그렇게 쉽고 분명하게 얻어질 리 없다. 그가 아무리 뛰어나고 훌륭해도 그 역시 자신의 신체와 삶에 갇힌 개인일 뿐이다.

정말 달라지고 싶고 변화하고 싶다면, 보다 적극적이고 장기적인 레이스를 각오해야 하지 않을까? 내 손으로 책을 찾아 읽고, 내 힘으로 생각의 범위를 넓히고 요약해야 한다. 설거주는 재미있고 웃긴 사람이 아니다. 그와 나누는 대화는 분명 수다가 아니다. 삶의 방향을 정하는 눈을 틔워줄 책이 저절로 읽힐 리 없다.

그래도 길을 찾아야겠거든 나 스스로 나의 환경을 만들어야 한다. 스마트폰과 노트북은 과감히 집에 두고, 책과 공책을 들고 카페든 도서관이든 가서 일정 시간 자기 자신과 씨름해야 한다. 쉽게 얻은 것은 내 것이 아니기에 쉽게 사라진다. 유혹은 남이 대신 끊어주지 못한다.

　내 계획이 자꾸 무너진다면, 내 결심이 자꾸 무뎌진다면 올해는 내가 속한 환경을 돌아보자. 굳은 결심과 계획을 자꾸 무너뜨리는 환경이 여전히 내 곁에 있다면, 나는 이번에도 성공할 수 없을 것이다. 내 바람이 간절하다면, 그 와중에 운 좋게도 한 명의 설거주를 만났다면, 그 기회가 수포로 돌아가지 않게 적극적으로 나의 환경부터 변화시키려는 노력을 해보자.

한문을 공부하면서 가장 많이 느낀 점 중 하나는 우리나라에서는 '공부'라는 단어가 너무 협소한 의미로 쓰인다는 거였다. 우리는 끊임없이 학력을 쌓고 자격증을 따기 위해 도서관에 앉아 있는 것을 보고 '공부한다'고 말한다. 그러나 이런 행위만 담기에 공부는 그 의미가 너무 깊고 컸다. 한문, 특히 유학을 공부하면서 느끼는 건 공부란 뭔가를 외우고, 부자로 살 수 있게 해주는 수단을 얻는 것이 아니라 한 인간으로서 뭔가를 선택하고 기꺼이 책임지는 주체로 살 수 있도록 자신을 단련시키는 과정이라는 점이었다.

순자는 자신의 책《순자荀子》〈권학勸學〉 편에서 이렇게 말했다.

"배움을 그쳐서는 안 된다. 청색은 쪽에서 얻지만 쪽보다 푸르고, 얼음은 물로 만들지만 물보다 차다. (…) 높은 산에 오르지 않으면 하늘이 얼마나 높은지 감을 잡지 못하고, 깊은 계곡에 가보지 않으면 땅이 얼마나 두터운지 감을 잡지 못한다."

學不可以已. 青, 取之於藍, 而青於藍; 冰, 水爲之, 而寒於水. (…) 不登高山, 不知天之高也; 不臨深谿, 不知地之厚也.

유명한 사자성어 청출어람青出於藍은 바로 이 구절에서 나온 말이다. 푸른색은 쪽에서 나오지만 쪽보다 색이 깊고 진하며, 얼음은 물로 만들어지지만 물보다 차갑다. 이 말은 두 가지 의미로 해석할 수 있다. 학문을 멈추지 않고 배움을 그치지 않으면 자신의 스승을 뛰어넘게 된다는 뜻도 있고, 본래 타고난 능력을 뛰어넘는 깊이와 넓이를 가진 사람으로 새롭게 태어난다는 뜻도 있다.

우리는 청출어람을 전자의 의미로 훨씬 많이 쓰지만, 제자가 스승을 뛰어넘어야 하는 이유가 순자가 말한 학문의 목적인 '더 나은 사람', '본래의 못나고 이기적인 나를 뛰어넘어 진짜 사람다운 사람이 된 사람'이 되기 위해서라는 점을 생각한다면, 후자의 뜻이 전자의 의미에 깊이를 더해준다고 볼 수 있다. 대부분의 경우에 '청출어람'으로 사용되지만 실제 뜻으로 보면 '청어람'이나, '청청어람'으로 쓰는 게 더 정확하다.

순자는 이어서 말한다. "높은 산에 오르지 않으면 하늘이 얼마나 높은지 감도 잡지 못하고, 깊은 계곡에 가보지 않으면 땅이 얼마나 두터운지 감도 잡지 못한다." 우리는 세상과 삶에 대해 종종 '좌정관천坐井觀天', 즉 우물 안 개구리가 되는 오류를 범한다. 그 깊이와 넓이를 제대로 본 적이 없으니 상상조차 하지 못하면서, 저것도 대단한 게 아니라 내가 보는 딱 그 정도의 크기일 뿐이라고 믿어버리는 것이다. 하늘이 높고 넓다는 사실을 아는 건 자신의 알을 깬 사람에게만 주어지는 축복이다. 높이 올라가본 사람만이 하늘은 결코 우리가 닿을 수 없는 곳에 있다는 사실을 안다.

생각해보면 참 이상하면서도 재미있다. 낮은 곳에 있는 사람이 하늘이 높다는 사실을 더 잘 알 것 같은데 높이 올라가본 사람이 하늘을 더 아득하게 느낀다. 마찬가지로 우리가 무지할 때는 자신이 얼마나 무지한지 알지 못한다. 수치로만 따지면 무식한 사람보다 유식한 사람이 아는 지식이 더 많겠지만 자신의 무지를 인지한다는 건 본인이 모른다는 사실을 깨닫기 시작했다는 의미이기 때문이다.

유식한 사람이 자신의 무지를 더 잘 안다는 건 세상의 역설 중 하나다. 선하게 살고자 하는 사람이 자신의 악함을 더 많이 느낀다. 열심히 노력하는 사람이 자신의 부족함을 더 잘 알고, 재주를 연마하는 사람이 자기의 한계를 더 잘 안다. 따뜻한 사람이 자신의 차가운 면을 더 잘 알고, 마음이 넓은 사람이 자신의 옹졸함을 더 쉽게 깨닫는다. 인간 됨됨이의 넓이와 깊이에도 빈익빈 부익부가 적용되는 걸까? 그래서인지 순자는 배움을 그쳐서는 안 된다는 메시지로 자신의 책을 시작한다. 배움을 멈추는 순간, 사람으로서의 삶도 멈추기 때문이다.

우리는 종종 배우지 않고 '생각'만 할 때가 있다. 생각을 하더라도 그 생각이 뻗어나가 가지를 치면서 무언가 결실을 맺을 수 있는 밑천이 내 안에 있어야 하는데, 그런 밑천은 마련하지 않고 주구장창 생각만 한다면 아무리 고민해도 괜찮은 결론을 얻을 수 없다. 순자 역시 배움이 없는 생각은 무가치하다고 말한다.

"내가 일찍이 하루 종일 생각만 해본 적이 있었다. 그러나 종일 생각만 하는 것은 아주 잠깐 동안 짧게 배우는 것만 못했다. 내가 또 일찍이 까치발을 하고 낑낑거린 적이 있었다. 그러나 그건 높이 올라가서 멀리 보는 것만 못했다.

높은 곳에 올라가서 손짓하면 팔이 더 길어지는 것이 아닌데 멀리 있는 사람이 볼 수 있고, 바람의 방향을 따라 소리친다고 소리가 더 커지는 것이 아닌데 분명히 들리고, 수레를 타고 말을 타면 발이 더 빨라지는 것이 아닌데 천 리를 갈 수 있고, 배와 노를 이용하면 물에 익숙하지 않아도 큰 강을 건널 수 있다. 탁월한 지혜와 인품이 있는 지성인은 남다르게 태어난 것이 아니라 외물의 도움을 잘 빌려 활용한 것일 뿐이다."

공자도 《논어》 〈위령공衛靈公〉 편에서 이와 비슷한 말을 한 적이 있다.

"내가 온종일 밥도 안 먹고 잠 한숨 안 자고 생각이란 걸 해본 적이 있습니다. 그런데 아무 도움도 안 되더군요. 차라리 제대로 뭘 배우는 게 백 번 낫죠!"

생각을 하는 이유는 어떤 문제에 맞닥뜨렸기 때문이다. 올바른 선택을 하기 위해 미래를 미리 볼 수 있었으면 하고 바랄 때가 얼마나 많은가? 물론 정답은 알 수 없다. 그러나 최선의 답은 찾을 수 있다. 바로 책을 통해서다. 책에는 시간과 공간을 초월한 전 인류의 지혜가 가득 담겨 있다. 넘쳐나는 지혜를 습득하면서 우리는 세상을 바라보는 자기만의 시선, 즉 가치관을 세울 수 있다. 그리고 이 가치관은 내가 세상에 끌려가는 존재가 아니라 스스로 길을 선택하고 책임지는 존재로 만들어준다. 이것이 후회를 줄여준다. 미래는 아무도 모르지만 아무도 모르는 미래에 일방적으로 끌려가는 사람과 미래에 상관없이 자신의 길을 스스로 선택해서 가는 사람은, 시간이 흐른 뒤에 후회하는 크기가 다를 수밖에 없다.

과거와 현재의 지혜가 담긴 책을 앞에 놓고 현실을 대입해 생각을 확장시키는 것이 공부다. 그래서 혼자보다 여럿이 공부하는 게 좋고 고만고만한 사람들끼리 머리를 맞대는 것보다는 방향을 잡고 이끌어줄 사람이 있는 게 낫다. 순자는 멋지고 지혜로운 자들의 등에 올라타 더 넓고 깊게 자신의 삶과 세상을 살피라고 말한다. 뭔가를 배우기로 결심했다면 단순한 기술도 좋지만 좀 더 깊이 있는 것이었으면 좋겠다. 무엇을 배우든 배움을 통해 나답게 산다는 건 뭔지, 인간답게 산다는 건 뭔지 고민하는 시간을 가졌으면 좋겠다. 그 고민들이 우리를 더 좋은 책으로, 더 좋은 선생님에게로, 더 좋은 친구들에게로 이끌어 마지막에는 후회보다 뿌듯함이 가득한 삶을 선물해줄 것이다.

끝을 보는
경험이 필요하다

학부모 시청자들 사이에서 큰 화제를 불러일으키고 있는 〈공부가 머니〉라는 교양 프로그램이 있다. 특히 이 프로그램의 첫 회가 방송되던 날에는, 패널로 출연한 연예인 부부의 사교육 방식이 시선을 끌면서 관련 키워드들이 포털 사이트 실시간 검색어 순위에 오르기도 했다. 이 부부의 삼남매가 다니는 학원은 무려 서른네 개였다. 함께 출연한 교육 전문가들에게 컨설팅을 받아 학원을 열한 개로 줄였지만, 그것도 내 기준으로는 많아 보인다.

방송을 보면서 이런저런 생각이 들었다. 온 나라가 사교육으로 몸살을 앓는 것은 이미 너무 오래된 일이고 더 이상 충격적이지 않다. 이 문제를 해소해보겠다고 정부가 새로운 교육 정책을 발표하면 그에 특화된 또 다른 종류의 학원이 성행하는 식이다. 나는 대학에서 교육심리학을 전공했는데, 그때만 해도 주의력결핍 과잉행동장애 ADHD가 이렇게 보편적인 문제가 될 줄은 꿈에도 몰랐다.

아이들이 산만하면 어른들은 보통 "너는 누굴 닮아 이렇게 산만하니?", "잠시도 가만히 있질 못하네. 얌전히 있어!", "넌 왜 이렇게 정신이 없니?"라고 야단을 치지만 원래 인간은 산만하다. 인간은 동물이라는 종의 관점에서 볼 때 포식자가 아니라 피식자이기 때문이다. 피식자인 동물 중에 경계가 느슨한 동물이 있던가? 참새도, 토끼도, 사슴도 작은 소리에도 귀를 쫑긋 세우고 흠칫흠칫 놀란다. 살기 위해서다. 집중한다는 것은 피식자에게는 죽음을 의미한다. 집중이 뭔가? '누가 잡아가도 모르게'가 아닌가? 피식자인 인간은 뭔가에 집중하면 곧 먹히는 존재다.

이런 인간이 군집 생활을 하게 되고 유난히 큰 뇌로 유난히 활발하고 치열하게 생각이란 걸 하게 되면서 어느새 생태계에서 최상위 포식자의 위치에 서게 되었다. '집중'은 그러니까 인간이 특유의 전투능력으로 획득한 전리품이다. 집중해서 책을 읽고 공부를 하고 뭔가에 몰두한다는 건 인간이 생존이라는 전투에서 승리한 대가로 누리게 된 최고의 사치품인 셈이다.

인간은 교육을 통해 집중하는 시간을 늘려간다. 정규 교육과정의 수업 시간이 그것을 잘 보여준다. 우리는 유치원의 20분짜리 수업을 시작으로 집중할 수 있는 시간을 조금씩 늘려가서 최대 90분짜리 대학 강의까지 소화할 수 있게 된다. 그 과정에서 집중하는 법을 배우면서 몰입하는 즐거움을 알아간다. 문제를 스스로 해결하는 즐거움, 집중하면서 자연스레 얻어지는 끈기와 꾸준함은 타고나는 성격이 아니라 길러지는 능력인 것이다.

지금 우리의 사교육은 '교육'이라는 이름으로 진짜 시행되어야 하는 교육을 방해하고 있다. 일단 도무지 몰입할 수 없게 만든다. 한 번이라도 공부를 해봤다면 알겠지만 책상 앞에 앉는다고 곧바로 공부가 되지 않는다. 워밍업이 필요하다. 닦달한다고 이 시간을 줄이거나 생략할 수 없다. 그런데 '이제 한번 해볼까?' 할 때쯤 아이들 앞에는 다른 과제가 놓이고, 이동하기 위해 자리에서 일어나야 한다.

순자는 자신의 책《순자》〈권학〉 편에서 산만함의 병폐에 대해 다음과 같이 말했다.

"사거리에서 헤매는 자는 목적지에 도달하지 못하고, 두 군주를 섬기는 자는 누구에게도 용납되지 못한다. 눈은 한꺼번에 두 가지를 볼 수 없기 때문에 밝게 보고, 귀는 두 가지를 함께 들을 수 없기 때문에 명확하게 듣는다. 용은 발이 없어도 하늘을 오르지만 날다람쥐는 대여섯 가지 재주를 가지고도 곤궁하게 산다.

《시경》에 이런 시가 있다. "뻐꾸기가 뽕나무에 있으니 그 새끼가 일곱이라네. 훌륭한 군자여 그 거동이 한결같네. 그 거동이 한결같으니 마음이 단단하고 확고하도다." 그래서 지성인은 한 곳에 맺힌 듯 확고해야 하는 것이다.

行衢道者不至, 事兩君者不容. 目不能兩視而明, 耳不能兩聽而聰. 螣蛇無足而飛, 梧鼠五技而窮.《詩》曰: 尸鳩在桑, 其子七兮. 淑人君子, 其儀一兮. 其儀一兮, 心如結兮. 故君子結於一也.

사거리에서 헤매는 사람은 목적지에 도달할 수 없다. 한 번에 하나를 해야 자기를 확장시킬 수 있다. 눈으로 주변을 다 담을 수는 있지만 제대로 보려면 하나에 집중해야 한다. 귀도 생각 없이 들을 땐 주변 소음을 모두 듣지만 제대로 들으려면 하나만 집중해야 한다.

전설에 의하면 뱀이 1,000년을 수행하면 이무기가 되고, 이무기가 다시 1,000년을 수행하면 용이 된다고 한다. 발도 없이 땅을 기어다니는 뱀이 무려 1,000년이라는 시간을 한 가지에 오롯이 몰두하면 하늘을 날며 기상을 좌지우지하는 용이 되는 것이다. 원문의 '등사螣蛇'는 구름과 안개를 일으키는 뱀 혹은 일종의 용을 말하니 정확히 이 용인지는 모르겠지만 전설에 등장하는 존재임은 분명하다. 땅을 기는 뱀처럼 비참한 운명을 극복해낸 존재가 용이라는 것이다.

다리도 없이 몸으로 땅을 기어야 했던 뱀이 온갖 재주를 부리며 이리 뛰고 저리 나는 날다람쥐를 봤을 때 기분이 어땠을까? 그런데 날다람쥐는 잘 날지만 지붕까지는 올라가지 못하고, 나무를 잘 타지만 나무 꼭대기까지 오를 수는 없다. 또 헤엄을 잘 쳐도 계곡을 건널 수는 없고 구멍을 낼 수는 있지만 제 몸을 숨기지는 못하며, 잘 달리지만 사람을 앞설 수는 없다. 딱 그 정도인 것이다.

바른 지성인의 한결같은 태도를 말할 때 '맺을 결'을 써서 결여結如라고 한다. 이것저것 건드리는 건 많은데 아무것도 끝까지 해내지 못하고 이리저리 옮겨 다니는 사람에게 우리는 "너는 왜 맺힌 데가 없니?"라고 말한다. 스스로 매듭을 짓고, 쉽게 매듭을 풀지 않는 단단함이 있어야 뭐든 이룰 수 있는 진짜 지성인이 된다. 아이의 재능을 찾아주겠다고 여기저기 데리고 다니며 이것저것 시켜보는 게 중요한 것이 아니라 한 가지를 파고들어 일정 시간 집중하는 능력을 키워주는 게 더 중요하다. 유명한 대학을 졸업한 똑똑한 선생님이 필요한 것이 아니라 아이가 한 군데에 맺힐 수 있도록, 뭔가를 할 때 마음을 모으고 스스로 마무리 짓는 기쁨을 누릴 수 있도록, 그래서 언젠가는 스스로 끝맺을 주제를 자기 힘으로 찾을 수 있도록 지켜봐주는 자세가 필요하다.

모르는 것을 알아가는 기쁨은 정말로 크다. 아이들이 이 기쁨을 느낄 기회를 박탈당하지 않았으면 좋겠다. 어떤 일이든 스스로 마침표를 찍어보는 경험은 참 짜릿하다. 아이들이 그 짜릿함을 빼앗기지 않았으면 좋겠다. 배운다는 것, 성장한다는 것이 우리 아이들에게 즐거움과 기쁨이 되었으면 좋겠다.

나는 한문 공부를 늦게 시작했다. 남들은 결혼할 때 공부를 시작해 연수부 과정을 마친 다음, 한문 번역 인재를 양성하는 상임연구원 시험을 치렀다. 1년에 세 명, 많아야 네 명을 뽑는데, 시험도 한문 번역과 한문 작문을 모두 치르기 때문에 머리가 깨질 듯한 시간을 잘 버텨야 한다. 당연히 나는 통과하지 못했고, 재수를 해야 했다. 불합격 통보를 받던 날, 어린 나이도 아니고 돈도 없고 남자도 없었던 나는 참 막막했다.

그때 반디앤루니스에서 주최하는 한문 경시대회 공고를 보게 되었다. 《명심보감》으로 예심을 보고 본선에 진출하면 《논어》 시험을 치르는데, 대상 수상자에게는 상금 50만 원을 준단다. '와! 돈 좀 벌겠네!' 망설일 이유가 없었다. 시험에 응시하기로 했고, 어찌어찌 예심은 붙었다.

그런데 본선을 준비하려고《논어》를 펼치니 시험은 코앞인데 분량이 막막했다. 본선을 등록해놓고 내가 지금 잘하는 건가, 혹시 시간 낭비는 아닌가, 지금이라도 다른 길을 도모해야 하는 거 아닌가 몇 번을 망설였다. 그러다가 〈자한子罕〉 편에서 마음에 꽂히는 구절을 발견했다.

> "산을 쌓는 일을 한번 생각해볼까요? 한 무더기만 더 쌓으면 산이 완성돼요. 그런데 그걸 못하고 그만두잖아요? 산은 완성되지 못하고 끝난 거예요. '다 끝낼 수 있었는데' 같은 건 의미가 없어요. 완성하지 못한 건 결국 내 탓이죠. 하지만 반대 경우도 생각해볼 수 있어요. 땅을 고르겠다고 흙이라도 한 무더기 퍼다 날랐다면 이미 시작한 거예요. 흙 한 무더기만큼 땅이 골라진 거고, 그만큼 나는 전진한 거죠."
> 譬如爲山未成一簣, 止吾止也. 譬如平地雖覆一簣, 進吾往也.

정말 멋지지 않은가! 내가 흙 한 무더기를 가져와 땅에 붓는 순간 공부가 시작된다니. 비록 흙 한 무더기라도 의미를 찾을 수 있다. 하나를 읽어 하나를 익히는 것도 새롭게 알게 된 점이다. 그만큼 발전했으니까. 이거 며칠 공부한다고 내가 얼마나 위대한 일을 하겠어. 그래, 내 배움의 산에 흙 한 무더기를 부었다면 그걸로 됐지. 나는 마음을 다잡고 남은 기간 동안 열심히 한문을 익혔다.

시험 당일, 종로 반디앤루니스로 갔다. 시험장은 그곳 로비였는데, 입선만 해도 도서상품권을 준단다. 나의 학문에 흙 한 무더기를 보탰는데 도서상품권까지 준다니, 이거 멋진 행사네!

기분 좋게 시험을 치르고 나니 당일 채점을 해서 두 시간 뒤에 시상식을 가진단다. 당일 발표라니, 따로 기다릴 필요도 없고 좋네! 여러모로 맘에 들어. 훌륭하다, 훌륭해! 나는 홀가분한 마음으로 밥을 먹고 종로 근처를 기웃거리다가 시상식장으로 향했다.

그런데 시상식장에 들어서는 순간 깨달았다. 아, 이건 절대, 결코 훌륭한 행사가 아니었다. 머릿속이 하얘지다 못해 새까매졌다. 번역원에서 나를 가르치신 선생님 두 분이 특별심사위원으로 그 자리에 떡하니 계셨다. 나는 한문을 전공하지 않았기 때문에 이 바닥이 얼마나 좁은지 그때까지 전혀 모르고 있었던 것이다. 후회가 쓰나미처럼 밀려왔다. 입선으로 호명되느니 차라리 떨어지는 것이 나았다. 무려 상임연구원 시험에 응시했던 내가 한문의 가장 기본 서적인 《논어》 번역 시험에서 일반인과 경쟁해서 고작 입선을 한다면, 내 앞날은 말 그대로 치욕 그 자체가 될 것이었다. 핀잔과 꾸지람은 물론, 이 일은 날개를 달고 사방으로 소문이 나서 내 인생에 아주 찬란한 꼬리표를 달아줄 터였다.

태어나 처음이었다. 제발 내 이름이 안 불리기를! 제발! 제발! 내 이름이 불려선 안 돼! 내 이름 부르지 마! 제발! 오~ 다행히 입선이 무사히 지나갔다. 다음은 3등. 아, 이것도 위험해, 아니야, 불려선 안 돼! 에잇, 이 시험에 응시하는 게 아니었어, 왜 이 공고를 봤던 거야! 한문 바닥이 이렇게 좁을 거라 왜 생각을 못 한 거지? 왜? 왜! 다행히 3등도 지나갔다. 아, 선방했다. 이제 괜찮아. 2등 정도는 그렇게까지 욕을 먹진 않을 거야……

　당신이 짐작했듯이 나는 대상을 탔다. 나는 어릴 때부터 1등을 하는 사람이 아닌데 신기하게 이때는 1등을 했다. 수상 소감을 말하는데 두 선생님께서 흐뭇한 미소를 지으며 나를 바라보셨다. 그리고 나는 그해에 상임연구원 시험에 합격했다. 입학 첫날, 선생님 한 분이 다른 신입생들과 선배들에게 말씀하셨다.
　"《논어》는 자헌이한테 물어라. 그건 재가 잘 안다." 다들 의아하다는 표정이었다. 그때의 나야, 흙 잘 부었다!
　이 일을 왜 굳이 길게 소개하냐고 물으신다면…… 흙 한 무더기가 아무리 나의 노력이고 발전이라지만 가끔은 자랑도 추임새로 한번씩 넣어줘야 두 무더기, 세 무더기도 너끈히 부을 힘이 생기기 때문이다. 자고로 자랑질은 뭔가를 공부할 때의 필수품이다.

엄친아, 엄친딸이라는 유행어가 등장한 지 꽤 오래됐는데 2020년에도 여전히 유효하다. 언제나 우리를 속상하게 하는 영원한 비교의 대상. 엄마 친구의 아들과 딸은 언제나 완벽하다. 예쁘고 잘생겼고, 착하고 공부 잘하고, 부모님께 잘하고 직장도 좋고, 결혼까지 잘해서 알콩달콩 잘 산다. 도무지 못하는 것도 없고 나무랄 데도 없는 존재들이다.

재미있는 점은 과거의 엄친아, 엄친딸이 재수 없는 존재였다면 지금은 너도 나도 엄친아, 엄친딸이 되기 위해 혈안이 됐다는 사실이다. 욕심에는 끝이 없다. 있는 사람이 더하다는 말은 엄친아, 엄친딸

열풍에서도 빛을 발한다. 요즘 아이들이 다니는 학원은 종류만 해도 어마어마하다. 예전엔 국어, 영어, 수학 학원이 기본이고 취미로 배우는 것이 피아노, 태권도 정도였다면 지금은 세상에 존재하는 악기를 한번씩은 다 배우는 것 같다. 피아노는 기본이고 바이올린, 비올라, 우쿨렐레, 플루트, 클라리넷, 성악까지. 운동도 태권도, 검도, 수영, 발레, 스포츠댄스, 밸리댄스, 심지어 줄넘기도 배우더라! 전 과목이 모두 사교육 대상인가 보다. 성적이 떨어져서 배우는 경우도 있겠지만 모든 면에서 완벽해지고 싶은 열망도 이런 열풍에 한몫하는 것 같다.

이렇게 12년을 미친 듯이 달려 좋은 대학에 합격하면 그때부터는 다이어트와 성형이 시작된다. 요즘 '사람은 두 번 태어난다, 한 번은 어머니에게서, 한 번은 성형외과 선생님에게서'라는 말도 있단다. 모든 것을 그야말로 골고루 갖춘, 한 가지를 특별히 잘하기보다는 빠지는 게 없는 사람이 2020년의 엄친아, 엄친딸인 것 같다.

《맹자》〈진심盡心 상〉 편에는 자막子莫이란 인물이 등장한다. 맹자가 살던 시대는 극단적인 이기주의를 추구하는 양주楊朱와 극단적 겸애兼愛주의를 강조하는 묵적墨翟이 유명했는데, 자막은 양주와 묵적 모두 중도中道를 잃었다고 판단해 무조건 중간을 선택했다. 맹자는 자막에 대해 이렇게 말했다.

"자막은 무조건 중간을 잡았으니, 중간을 잡는 것이 도道에 가까운 것
이기는 하나 무조건 중간을 잡고 어떤 일의 경중을 저울질하지 않는 것
은 한쪽을 잡는 것과 마찬가지이다."

子莫執中, 執中爲近之, 執中無權, 猶執一也.

무조건 중간 입장을 취하는 것은 한쪽을 주장하는 것과 다를 게
없다. 공자는 '시중時中'으로 일컬어진다. 중간을 추구하되 중요한 것
은 '때에 맞게' 했다는 것이다. 공자는 상황을 분명하게 따져서 그 상
황에 맞게 행동했다. 상황에 맞다는 것은 때로는 극단을 선택해야 중
간이 된다는 뜻이기도 하다. 그래서 저울질이 중요하다. 극단적 선택
이 중도일 수 있다는 역설이 참으로 흥미롭다.

나는 소위 엄친아, 엄친딸이라는 사람들을 보면 자막이 생각난다.
그들은 무조건 중간을 잡은 자막과 비슷하다. 자기만의 개성, 꿈, 환
경, 자신의 처한 개별적 상황 등은 아무것도 고려하지 않고 가져야
할 것처럼 보이는 것은 다 갖고 익혀야 할 것처럼 보이는 것은 다 익
히는, 분명 잘나긴 했는데 저 사람만의 색깔은 뭔지 모르는 애매한
존재. 저울질하지 않고 그냥 다 장착하는 몰개성에 왜 우리는 이렇게
집착하는 걸까?

자막은 늘 중간을 선택했기 때문에 결과적으로는 극단을 선택한
어리석은 사람이 되었다. 목적 없이 이것저것 다 갖추다 보면, 그러

다가 남이 가졌으니 나도 가진다는 것 자체가 목적이 되어버리면, 마지막에는 아무것도 갖추지 못한 사람이 된다. 목적 없이 보편을 갖추느라 정작 필요한 시기에 발휘해야 할 특별한 능력은 갖추지 못하기 때문이다. 짧은 인생을 살면서 필요할 때는 극단을 선택함으로써 최선을 추구하는 즐거움을, 살면서 한번은 누려보아야 남는 장사가 아닐까.

같은 맥락에서 밀란 쿤데라의 시 〈시인이 된다는 것은〉은 내게 시 중의 의미를 다시 생각해보게 한다.

시인이 된다는 것은
끝까지 가보는 것을 의미하지

행동의 끝까지
희망의 끝까지
열정의 끝까지
절망의 끝까지

그 다음 처음으로 셈을 해보는 것
그 전엔 절대로 해서는 안 될 일

왜냐면 삶이라는 셈이 그대에게

우스꽝스러울 정도로

낮게 계산될 수 있기 때문이지

그렇게 어린애처럼 작은 곱셈 구구단 속에서

영원히 머뭇거리게 될지도 모르기 때문이지

시인이 된다는 것은

항상 끝까지 가보는 것을 의미하지

누구나 단 한 번의 인생을 산다. 우리는 자기 인생밖에 살지 못한다. 그래서 자기만의 틀로 세상을 재단하기 쉽다. 기성세대들의 틀이 지혜로우면서도 때로는 숨이 막히는 것도 이러한 이유 때문이다. 인간의 숙명과도 같은 미래에 대한 불안은, 젊은이들을 어른들이 짜놓은 판 속에 지나칠 정도의 크기와 강도로 끌어들인다. 오늘날의 판은 스펙이다. 미래에 대한 불안을 해소할 방법으로 온갖 스펙을 두루 갖추는 것이다.

그러나 어쩌면 미래를 위한 진정한 대비는 한 길을 무섭도록 집중해서 걷는 것일지도 모른다. 그 길에서 세상의 깊이와 넓이와 풍경을 보고 그 다채로움에 매혹된다면, 적어도 우물 안 개구리처럼 세상을 바라보고 미처 살아보지 않은 세상에 대해 필요 이상으로 겁을 먹거나 평가 절하하지는 않을 것이다.

"인간은 생각하는 존재다. 그러나 또한 인간은 생각을 가지고 태어나지는 않는 존재다. 그렇다면 지금 내가 하는 생각은 어디에서 온 것인가? 바깥에서 들어온 것일 수밖에 없다. 그래서 우리는 늘 스스로의 생각을 경계해야 한다. 내 생각이라고 생각하지만 사실은 내 생각이 아닌 것이다. 책을 읽으며 자신을 늘 돌아보아야 하는 이유가 바로 여기에 있다."

우연히 북콘서트에 갔다가 들은 말이다. 매우 인상 깊게 들어서인지 지금도 종종 곱씹어본다. 인간은 생각하는 존재, 그러나 생각을 가지고 태어나지는 않는 존재. 그렇지. 참 맞는 말이다. 우리는 하루에도 몇 번씩 "내 생각에는……"이라고 말하지만 이게 진짜 내 생각인지는 잘 따져보지 않을 때가 많다.

나는 생각을 가지고 태어나지 않았는데 내가 살아가는 세상에는 온갖 소리와 색으로 뒤덮인 생각이 가득하다. 당연히 이것들은 내 안으로 서서히 밀려 들어온다. 내가 받아들이겠다 거부하겠다 결정한 적도 없는데, 오만 가지 생각은 마치 삼투압 작용처럼 내 안에 들어와 마음 한구석을 차지한다. 어쩌면 우리 스스로 결정한 적이 없기 때문에 밀려 들어오는 생각들을 한 번도 고민하지 않고 무의식 중에 받아들이게 된 건지도 모른다.

이제는 지하철이나 버스에서 스마트폰을 들여다보지 않는 사람이 없다. '이렇게까지 스마트폰이 필요한가?' 저절로 질문하게 된다. 꼭 필요해서 가지고 있는 걸까? 가지고 있다 보니 필요해진 걸까? 기계와 컴퓨터가 등장한 이후로 세상이 발전하는 속도는 상상을 초월한다. 어떤 기계에도 '최신'이라는 말을 붙이기가 무색할 정도로 빨리빨리 업그레이드된다. 모든 것이 속도 전쟁이 되어버린 시대, 전국은 이미 오래전부터 1일 생활권이 되었고 이제는 새벽 배송이 보편적인 서비스가 되어버렸다. 돈만 있으면 모든 것을 초스피드로 누릴 수 있다.

이런 세상에서 책을 읽고 찬찬히 생각한다는 것은 꽤나 고지식해 보이는 행동이다. 솔직히 책을 읽는다는 것이 얼마나 지루한 일인가? 30분 동안 책을 읽어도 대략 5장에서 많아야 10장 정도를 넘길 뿐이다. 책을 읽으면서 생각까지 한다면 30분 동안 거의 세상이 정지된 기분을 느낄 수도 있다. 게임을 할 때는 몇 시간, 심지어 며칠이 순식간에 지나고 카카오톡으로 대화를 하면 30분 정도는 우습게 흐르는데 책을 읽는 30분은 그야말로 좀이 쑤시는 시간이다. 30분 동안 인터넷을 하면 찾을 수 있는 정보가 얼마나 많은데 책을 30분 읽어서 무슨 정보를 얼마나 얻겠는가?

그런데 이 지루한 책 읽기를 통해 생각하는 습관을 들이지 않으면 외부에 세뇌당하기 십상이다. 유행에 정신없이 휩쓸리는 것도 일종의 세뇌인 셈이다. 그렇지 않다면 유행이라는 이유로 취향이 아닌 물건을 구입하지 않을 테니까. 스스로 근거를 찾아 합리적인 판단을 내리고 선택할지 거부할지 결정하지 못하니, 다른 사람들의 행동을 따라하게 된다.

절대 다수가 이렇게 행동하면 이렇게 행동하지 않을 이유를 스스로 댈 수 있어도 불안해서 따라가고 싶은 게 사람 마음인데, 스스로 판단할 능력이 갖춰져 있지 않다면 외부의 기준을 절대적으로 받아들이는 것은 너무도 당연한 결과가 아닐까? 옷, 가방, 스마트폰, 노트북, 게임, 사랑, 자동차, 결혼, 집, 자녀교육, 부부관계, 취미, 다이어트, 성형, 건강관리, 재테크…… 사는 데 필요한 그 무엇도 유행에서 자유로울 수 없는데 매 순간 외부에 휘둘리며 살 수는 없다.

우물 안 개구리로 나이 드는 것은 생각보다 훨씬 위험한 일이다. 자기 인생에 갇혀 자기 경험만으로 삶의 지혜를 얻은 어르신들을 떠올려보면 쉽게 이해할 수 있다. 분명히 어느 부분은 지혜로우신데 나머지 부분들은 주변 사람들을 숨 막히게 한다. 이런 어른이 되고 싶지 않다면 내 작은 경험의 틀을 자꾸만 깨서 생각의 폭을 넓히고 논리적, 합리적으로 판단하고 받아들일 수 있는 힘을 갖는 것이 필요하다. 그 힘을 줄 수 있는 것이 독서다. 한 권의 책이 대단한 정보를 담고 있어서 읽는 것이 아니다. 그저 되는 대로 살다 보면 이때는 이렇게 저때는 저렇게 생각하고 행동하면서도 내 생각과 행동이 맞지 않다는 사실을 모르게 되는데, 이러한 오류를 독서가 방지해주기 때문이다. 내 생각의 토양에 거름을 주고 울타리를 두르고 관리해 비옥하게 만드는 것, 이것이 책을 읽으면서 생각의 틀을 깊고 넓게 확장시키는 방법이다.

정보와 지식은 다르다. 정보는 단순히 무언가를 '아는' 것이고, 지식은 알게 된 내용을 이해한 다음 조합하고 새로운 판단을 내려 실행으로 옮기는 것이다. 지식과 지혜도 다르다. 지혜는 지식에 인간만이 내릴 수 있는 판단, 즉 타인과 세상을 위한 무언가를 더해 새로운 결론을 내리는 것이다. 《서경》〈주서〉의 '다방多方'은 제대로 생각하는 것이 얼마나 중요한지 경고한다.

"성인聖人이라도 제대로 생각하지 않으면 미치광이가 되고, 미치광이라도 제대로 생각만 한다면 성인이 된다."

惟聖罔念作狂, 惟狂克念作聖.

홀륭한 사람의 끝판왕이라 할 수 있는 성인이 미치광이와 한끝차이라는 것이다. 언뜻 생각할 때 이 둘은 완전히 상극일 것 같은데 다만 제대로 생각하는지의 여부가 한순간 이 둘을 가른다고 말한다. 좋은 머리와 뛰어난 재주를 타고났는지 여부가 아니라, 제대로 생각할 수 있는지 여부가 둘을 전혀 다른 사람으로 만든다.

유학에서 강조하는 올바른 삶의 자세 중에 반구저기反求儲己가 있다. 어떤 일이 잘못되었거든 남의 탓으로 돌리지 않고 자신에게서 문제를 찾아 개선한다는 뜻이다. 자기 자신을 돌아보고 반성하는 것이야말로 최고의 자기 수양이다. 자신을 돌아보고 반성하려면 내 안에 항상 바르게 적용할 수 있는 기준이 있어야 하지 않을까? 유학이 꾸준한 공부를 그토록 강조하는 이유는, 공부를 제대로 해야 제대로 생각할 수 있는 틀이 그 사람 안에 만들어지기 때문이다.

책 읽기, 결코 쉽지 않다. 지루하고 머리 아픈 게 사실이다. 그래도 한 번뿐인 인생을 '내 생각에는'이라는 말이 부끄럽지 않을 정도로는 살아야 하지 않을까? 성인은 못 되더라도 미치광이는 되지 말아야 하지 않겠는가 말이다.

엄마는 자녀를 억울하게 키우면 안 된다는 원칙을 갖고 계셨다. 그래서 매를 드실 때면 우리 삼남매를 꿇어앉히고 왜 매를 맞는지 스스로 말하게 하셨다. 나는 이 시간이 제일 곤혹스러웠다. 차라리 물어보지 말고 몇 대 더 때리셨으면 했다. 내가 왜 맞는지 거의 매번 잘 몰랐기 때문이다. 엄마는 왜 내가 맞아야 하는지 먼저 설명을 해주고 매를 대셨는데 나는 엄마 말을 잘 이해하지 못했다. 엄마가 앞뒤 맥락을 논리적으로 설명해주시면 열심히 듣긴 했지만, 많은 내용이 한꺼번에 뇌에 주입되니 과부하가 걸린 것이다.

"자, 이제 네가 왜 맞는지 말해봐."

"으응……? 그러니까…… 음…… 그러니까……어…….”

"왜 맞는지 몰라?"

"아니, 알아!" (엄마는 너무 무서워)

"그럼 말해봐."

"으응……? 그러니까…… 음…… 그러니까……어…….'"

엄마는 자주 반복됐던 이 상황 자체도 답답해하셨지만 그보다 내가 지나치게 미련한 아이는 아닐까, 학교에 가면 공부를 제대로 따라갈 수 있을까, 애를 어떻게 해야 할까 걱정됐다고 하셨다. 그래도 초등학교에 무사히 입학해 나름 잘 다녔다. 튀지도 않고 열등생도 아닌 그럭저럭 중간쯤 되는 학생.

그런데 3학년이 되어 처음 3학년 교실의 내 자리에 앉았던 날, 나는 담임선생님과 눈이 마주쳤고 선생님은 그날 이후 며칠 동안 나를 자주 응시하셨다. 내 인생의 첫 번째 전환점이 시작된 순간이었다. 내가 그날 뭘 했는지는 기억나지 않는다. 그런데 나중에 여쭤봤더니 선생님은 첫날 나에게서 특별한 점을 발견했다고 하셨다.

3학년이었던 그해는 나에게 정말 특별한 해였다. 선생님은 먼저 내게 공부법을 가르쳐주셨다. 누가 시키면 별 생각 없이 곧잘 따라하는 나는 이번에도 선생님이 일러주시는 대로 그냥 따라했다. 그랬더니 성적이 오르기 시작했다. 선생님이 가르쳐주신 방법은 시험을 치르기 전에 공책 정리한 것을 꼭 다시 한 번 읽는 것이었다. 그저 이대로 했을 뿐인데 나는 이후로 계속해서 1등을 했다. 배운 것을 요약, 정리해서 오래 기억하는 방법을 알게 된 것이다.

1학년 때부터 담임선생님이 일기를 쓰라 하셔서 매일 일기를 썼다. 아무도 그만해도 된다고 말해주지 않아서 그냥 계속 썼을 뿐인데, 3학년이 되자 선생님이 내 일기에 답장을 써주셨다. 나는 선생님이 답을 주시는 게 신나서 더 열심히 일기를 썼다. 지금 생각해보면 선생님은 답을 통해 글 쓰는 방법을 가르쳐주셨던 것이다. 결국 나는 일기 쓰기를 통해 글짓기를 잘하는 아이가 되었다. 재미있는 점은 나의 둔한 성격 때문에 칭찬을 듣는 동안에도 내 글이 왜 잘 쓴 글이라는 건지, 내 글의 어떤 부분이 괜찮다는 건지 전혀 몰랐다는 거다.

또 선생님은 내가 노래를 잘 부른다며 노래 연습을 시키시더니 전라북도 어린이 노래대회에 출전시키셨고, 나는 심지어 은상을 탔다. 그림을 배워보라 하셔서 그림도 배웠다. 두어 달 헤매다 감을 잡은 덕분에 나는 그림까지 잘 그리게 되었다. 선생님이 권하는 일이 죽어도 싫은 것만 아니라면 그대로 한 덕분에, 나는 그 해에 참 다방면으로 성장했다. 1년 동안 지치지도 않았다.

선생님은 뭔가를 배울 때 처음에 잘 알아듣지 못하는 나의 특성만 보신 게 아니라, 천천히 더디게 가는 대신 쉽게 지겨워하지 않는 진중함과 시키는 대로 꾸준히 끝까지 해내는 끈기를 알아봐주셨다. 물론 초등학교 3학년부터 고등학교까지의 시간은 생각보다 길었고 그래서 여러 번 슬럼프가 있었지만, 이 1년의 기억은 이후로도 내게 다시 일어날 수 있는 힘이 되어주었다. 나도 모르는 나의 잠재력을 알아보고 이끌어주는 스승을 만난 행운이, 내게는 참 특별하고 귀한 선물이다.

《고문진보》에 당나라 문인인 한유韓愈가 쓴 〈잡설雜說〉이라는 글이 실려 있다. 이 글에는 천리마千里馬도 알아봐주는 사람이 있어야 천리마로 성장할 수 있다는 내용이 나온다. 천 리를 가는 말은 한 번 먹을 때 많이 먹어 심지어 곡식 한 섬을 먹어치우기도 한다. 그런데 말을 잘 알아보는 백락伯樂만 그 말이 천리마여서 그렇게 많이 먹는다는 것을 눈치 챘을 뿐, 아무것도 몰랐던 다른 사람들은 천리마가 많이 먹는다고 타박만 할 뿐 제대로 먹이지 않아서 말이 제 기량을 발휘할 수 없었다. 천리마로 자랄 수 있게 훈련시키지도 않고, 재능을 제대로 발휘할 수 있게 충분히 먹이지도 않고, 말이 울어도 그 소리를 분별하지 못하고 채찍질이나 하면서 '천하에 좋은 말이 없다'고 한탄하면 그게 옳으냐고 한유는 되묻는다.

"세상에 백락이 있은 연후에 천리마도 있는 것이니, 천리마는 항상 있는 것이지만 백락은 항상 있지 않다."

世有伯樂然後, 有千里馬, 千里馬常有, 而伯樂不常有.

참으로 오래도록 마음에 남는 말이다. 세상은 천리마가 중요하다고 말하지만 사실 천리마보다 천리마를 알아보는 백락이 더 중요한 존재다. 천리마는 백락이 아니면 식량만 축낸다고 눈치를 받으며 실컷 매를 맞다가 쓸모없다고 버려질 것이다.

나는 교사가 백락 같은 존재라고 생각한다. 자신의 가능성을 전혀 모르는 아이들의 내면에 있는 천리마의 기상을 발견해줘야 하는 사람이 선생님이다.

나는 아이들을 볼 때마다 이 아이들이 만나는 선생님이 특별한 눈을 가진 분이기를 소망한다. 천리마이지만 스스로의 힘만으로는 천리마로 성장할 수 없는 이 어린 가능성에 백락의 시선이 가 닿기를, 백락의 손길이 그들을 어루만지기를 간절히 소망한다. 나 또한 그런 어른이기를. 아이를 바라보는 나의 시선을 두려운 마음으로 다시 한번 돌아본다.

지난 추석에 우연히 예능 프로그램 〈놀면 뭐하니〉의 '유플래쉬' 코너를 모아 방영하는 것을 보았다. 일종의 음악 예능인데, 호스트인 유재석 씨가 드럼 레슨을 받아서 만든 드럼 비트가 릴레이 형식으로 다른 음악가들에게 전달되면, 그들이 거기에 블록을 쌓듯 자신들의 음악을 쌓아 올리며 음악을 완성해가는 내용이었다. 코너 제목은 2014년 화제작이었던 영화 〈위플래쉬〉를 떠올리게 했고, 아주 인상 깊게 보았던 이 영화가 문득 그리워져 다시 한 번 보게 되었다.

이 영화를 두고 많은 사람들이 음악 영화를 보면서 스릴을 느낀건 처음이라고 했다. 맞다. 분명 이 작품은 음악 영화인데, 보는 내내 손에 땀이 쥐어지고 긴장감이 폭발한다. 재미있는 점은 영화에서 다루는 음악이 자유로움과 여유의 상징과도 같은 재즈라는 것이다. 즉 흥성이 특징인 재즈는 다른 장르에 비해 무엇보다 박자가 유연하다. 정박으로 딱딱 떨어지지 않고 연주자의 재량에 따라 박자에 여백이 생기거나 사라지기도 한다.

영화의 주인공은 바로 이 박자를 주관하는 드러머다. 그리고 이 드러머를 가르치는 교수는 한 치의 오차도 허락하지 않는 엄격함으로 연주자들을 지배하는 폭군이다. "세상에서 가장 쓸데없는 말이 '그만하면 잘했어'야"라는 말은 교수의 성격을 단적으로 보여준다. 그의 교수법은 '몰아붙이기'로 정의할 수 있다. 자비도, 틈도, 여유도 없다. 박자를 가지고 놀 수 있을 때까지, 연주하는 자신마저도 사라지고 오로지 음악만 남을 때까지, 그 경지에 다다랐을 때의 희열을 알고 기꺼이 그 단계에 뛰어들 때까지 제자들을 몰아붙인다.

오랜만에 다시 영화를 보면서 《논어》 〈안연〉 편에서 공자와 제자 자장子張이 나누던 대화가 떠올랐다. 자장은 '달達'한 사람이 되고 싶어 했다. '달'이란 어떤 분야에 정통해 지혜가 깊어진 상태를 의미하고, 한편으로는 그 분야의 일인자로 이름을 알리는 것을 의미한다. 자장은 공자에게 묻는다.

"지식인이 어떤 수준이 되면 통달했다고 말할 수 있나요?"

"자네가 말하는 '통달'이란 게 뭔가?"

"나라에도 가문에도 반드시 이름이 알려져서 유명해지는 거죠."
그러자 공자가 이렇게 말했다.

"그건 유명해지는 거지 통달하는 게 아니네. 통달한다는 건 말이야, 마음이 순수하고 곧으며 정의를 따르고, 남의 말에 휘둘리지 않고 잘 따져볼 줄 알며, 상대방의 표정을 주의 깊게 관찰할 줄 알고, 사려 깊게 남보다 자기를 낮출 줄 아는 걸 말하네. 이렇게 하면 사회에서건 조직에서건 반드시 신뢰를 얻어서 뭘 해도 이루어지게 되지. 이게 통달이야. 유명해진다는 건 말이야, 겉으로는 내가 훌륭한 인격자인 양 표정 짓지만 행동은 전혀 딴판이지. 그런데 그렇게 지내면서 자기도 자신에게 속아넘어가는 것이네. 그럼 사람들도 속아넘어가 나라에서도 가문에서도 반드시 유명해지지. 이게 유명해지는 거야."

是聞也. 非達也. 夫達也者, 質直而好義, 察言而觀色, 慮以下人. 在邦必達,
在家必達. 夫聞也者, 色取仁而行違, 居之不疑. 在邦必聞, 在家必聞.

통달은 기준을 외부에 두지 않는다. 그러나 유명세는 기준을 외부에 둔다. 남의 말에 휘둘리지 않고 상대를 관찰하며 스스로 따져보고 자기를 낮출 줄 알아야 그 분야의 대가가 될 수 있다. 그렇게 되면 주변으로부터 자연스레 신뢰를 쌓을 수 있다. 이것이 통달이다. 그러나 유명해지고 알려지는 것은 외부로부터 인정만 받으면 된다. 내가 어느 정도의 실력을 가지고 있든 남들이 잘한다, 대단하다고 말해주면 유명한 사람이 되는 것이다. 그 칭찬에 속아 나중에는 실력을 쌓는데 집중하는 것이 아니라 그럴싸해 보이도록 자신을 포장하는 데 시간과 노력을 다 쏟게 된다.

영화 속 교수는 그 지점을 경계했다. 세상에서 성공하는 것이 음악적으로 성취를 이루는 것은 아니다. 세상의 부귀영화에 시선을 빼앗기지 말고 음악 자체의 깊이와 넓이를 가늠하고 그 아름다움에 빠져들 수 있도록 주인공을 이끈다. 교수의 지도 방식을 문제 삼을 수는 있겠지만 결과적으로 주인공은 교수의 혹독한 가르침 속에서 세상은 사라지고 음악만 남는 경지를 경험하게 된다.

재즈의 자유로운 박자는 먼저 철저한 박자감을 익히는 데서 출발한다. 자유는 무질서가 아니라 질서의 운용이기 때문이다. 파격破格, 즉 틀을 깨려면 먼저 '격'을 알아야 한다. 균형 감각이 살아 있는 여유는 나를 극한으로 몰아붙이는 긴장감 속에서 생기는 것이다.

영화 제목인 위플래쉬는 '채찍질하다'라는 뜻이다. 영화에서 주인공은 교수의 혹독한 지도 하에 박자를 완성하고, 그 위에 다른 악기의 선율들을 쌓아 음악을 완성한다. 예능 프로그램 유플래쉬는 블록처럼 음악을 쌓는다. 두 프로그램이 묘하게 닿아 있어 흥미롭다. 제대로 된 방향으로 자신을 채찍질하는 사람만이 탄탄한 블록으로 타인의 선율에 자신의 선율을 덧댈 수 있다는 면에서 그렇다. '위플래쉬' 하는 노력이 있어야 '유플래쉬'의 확장이 소음이 아닌 음악으로 완성된다. 나에게 '유플래쉬'는 단지 재미있는 음악 예능 프로그램이 아니었다. 내가 가진 블록이 통달하려는 노력이 성실하게 깃든 블록인지, 혹시 허풍과 거품으로 잔뜩 부풀어 오른 부실한 블록은 아닌지 잠시나마 되돌아보는 시간이었다.

새 학년, 새 학기가 시작되면 언제나 화려한 목표 리스트를 만든다. 그 리스트에서 항상 첫 번째 칸을 차지하는 것은 아마도 '성적 향상'이 아닐까? 이 야무진 결심을 증명해야 하는 시험 기간이 다가오면 선생님들은 예외 없이 이런 말씀을 하신다. "문제에 답이 있으니 문제를 열심히 읽어. 교과서만 공부하면 다 풀 수 있는 문제야."

그저 교과서만 공부하면 된다고? 도무지 이해할 수 없는 말이다. 정말 교과서에 모든 답이 있다면 백 점을 못 받을 사람이 어디 있나? 학창 시절 내내 절대 이해할 수 없었다. 그러다가 늦게 한문을 배우면서 이 말의 의미를 깨달았다. 정말 맞는 말이었구나!

우연히 시작한 한문은 특별히 좋다고 할 순 없었지만 그렇다고 싫지도 않았다. 한번 배워두기나 하자는 마음으로 부담 없이 공부를 시작했는데, 삶은 변수의 연속이라 했던가? 막상 공부를 해보니 생각보다 재미있어서 끝까지 가보자고 결심하게 되었다. 그래서 세운 목표가 고전번역원 상임연구원 진학이었다. 이 과정을 졸업하면 번역원에서 박사급 대우를 받을 수 있으니 꽤 만만찮은 도전을 하게 된 것이다.

이 시험을 치르려면 서간문書簡文 수업을 들어야 했다. 시험에 나올 수도 있기 때문이다. 그러나 번역원 연구원에는 서간문 수업이 개설돼 있지 않아서 다른 기관에서 수업을 들어야 했다. 수업은 한학으로 엄청나게 유명한 선생님께서 진행하셨다. 번역원 연수원의 교수로 근무하다 정년퇴임하셔서 나는 멀리서 얼굴만 뵌 선생님이었다. 아무래도 한문 실력에 자신이 없다 보니 혹시 내가 연수원 출신인 걸들킬까 봐 수업을 들으면서도 선생님을 피해 다녔는데, 어느 날 선생님과 딱 마주치는 일이 생기고야 말았다. 쭈뼛쭈뼛, 그러나 공손하게 인사를 드리고 얼른 피해야지 싶었다.

"선생님, 안녕하세요? 그럼 저는 이만……"
"어, 잠깐! 자네 이름이 뭔가?"
"(앗, 이런……) 임자헌입니다."
"자네는 어느 학교에 다니나?"

"학교는 졸업했고, 지금 연수원에 다니고 있습니다."

"그래? 몇 학년인데?"

"3학년입니다."

"3학년이면 한문 좀 하겠구먼! 그럼 자네 다음 수업 때 번역 발표를 한번 해보게. 실력 좀 보자고. 3학년다운지 어떤지."

"예? 예……!"

아! 눈물이 앞을 가리는 순간이었다. 연수원 수업은 하루 세 시간씩 일주일에 나흘간, 그것도 매번 다른 과목으로 하루에 원문을 12~15장씩 달리는 빡빡한 수업이었다. 그렇다고 한문으로 된 글은 뭐든 잘 읽고 해석할 거라 생각하면 큰 오산이다. 그렇게 공부해도 낯선 한문은 못 읽는다. 서간문은 또 다른 세계다. 서간문 수업을 처음 듣던 날, 교재를 펼쳤을 때 내가 깨달은 것은 단 하나였다. '흰 것은 종이요 검은 것은 글씨로구나.'

그때 내 심정은 피아노를 배울 때와 비슷했다. 피아노를 몇 년간 쳐도 새로운 악보를 보자마자 곧바로 연주하지는 못한다. 악기를 배운 적 없는 사람들은 잘 이해하지 못할 수도 있는데 사실이 그렇다. 보자마자 악보를 머릿속에 넣고 연주할 수 있는 내공은 고작 몇 년만에 쌓이는 게 아니기 때문이다. 모르는 사람은 '몇 년씩이나'라고 말할 수 있지만 그 분야를 조금이라도 아는 사람에게는 '고작' 몇 년인 게 한문의 세계다. 한 우물을 채우고 다음 수준으로 도약하기까지는 어마어마하게 지리한 시간이 든다. 연수부 3년 동안 나는 소학, 논어, 맹자, 대학, 중용, 시경, 서경, 주역, 고문진보, 춘추, 경국대전, 장자, 통감절요 등을 배웠지만 낯선 글을 보고 번역하는 것은 꿈도 못 꿀 수준이었다.

당시 내가 가진 건 달랑 작은 자전字典 하나뿐이었다. 그걸 가지고 번역은 절대 불가능한 일, 급한 마음에 대학 도서관을 찾았다. 그때 처음으로 만난 사전의 세계는 그야말로 방대했다. 중국에서 나온 사전, 일본에서 나온 사전, 우리나라에서 출간된 한자어 사전……. 한문 사전이라고 부를 수 있는 것은 죄다 책상에 늘어놓고 내가 번역해야 할 본문을 파고들었다.

번역과 해석은 다르다. 대략적인 뜻만 알아서도 안 되고 넘겨짚어서도 안 된다. 글자 하나하나를 다 알아야 하고 단어의 뜻을 알아야 하며 용례도 모두 알아야 한다. 그래서 전반적으로 글이 막힘없이 잘 흐르게 해야 한다. 흰 건 종이고 검은 건 글자인 본문 한 장을 놓고 사전에 둘러싸여 있자니 막막해서 눈물이 나올 지경이었다. 발표 날 망신당할 것을 생각하면 가만히 있어도 손에 땀이 흘렀다.

모든 단어를 이렇게도 찾아보고 저렇게도 찾아보고, 이렇게도 맞춰보고 저렇게도 맞춰보며 달랑 종이 한 장에 쓰인 도무지 알 수 없는 검은 글자들을 몇 번이나 읽었는지 모른다. 포기할 수는 없으니 매달리는 것 외엔 방법이 없었다. 며칠을 그렇게 하던 어느 날 아침,

다시 본문을 펼쳤는데…… 이게 웬일? 글이 보.였.다. 참으로 신기했다. 진심으로 신기했다. 알겠다! 흰 건 종이고 검은 건 글씨였던 덩어리가 문장이 되어 내 앞에 재탄생하는 순간이었다.

그렇게 며칠이 지났고, 문제의 수업 시간이 돌아왔다.
"자네, 번역해보게." 선생님의 지시가 떨어졌다. 나는 준비한 대로 발표를 이어갔고 조마조마한 심정으로 마침내 마지막 문장까지 마쳤다. 어찌나 땀이 나던지 들고 있던 종이가 축축해졌다. 그때 들려온 선생님의 한마디.
"좋아, 번역원 3학년답군. 어디 가서 내 제자라 해도 되겠어. 잘했어!"
아, 그때의 기쁨을 어찌 말로 다할 수 있을까! 나는 이때부터 한문에 대해 조금씩 홀로 서는 재미를 느낄 수 있었다.

《삼국지三國志》〈위서魏書〉에 보면, 어떤 사람이 위나라의 유명한 학자인 동우董遇에게 배움을 청하자 그가 썩 달가워하지 않으며 이렇게 말하는 대목이 나온다.

"반드시 먼저 배울 것을 백 번 읽어야 하니, 책을 백 번 읽으면 그 뜻이 저절로 드러난다는 것을 말한 것이다."
必當先讀百遍, 言讀書百遍而義自見.

나는 이 일을 경험하기 전까지는 문장을 읽으면서도 설마설마했다. 어떻게 모르는 것을 많이 읽기만 한다고 알게 되지? 모르는 건 모르는 거고 아는 건 아는 거지. 그런데 직접 해보니 내 생각이 틀렸더라. 그러니 백 번은 읽어볼 일이다. 되는지 안 되는지는 그 후에 따져도 늦지 않다. 간절함이 더해진 지구력에 바위가 진짜 뚫리기도 한다는 걸 경험했다. 이제 나는 모른다고, 못하겠다고 쉽게 말하기 전에 스스로에게 물어본다. 백 번쯤 덤벼보았니?

조선의 유명 학자인 월천月川 조목趙穆 선생의 일화 중에도 삼국지의 저 이야기와 비슷한 내용이 있다. 그가 제자 김중청金中淸 등과 청량산을 유람하던 중, 김중청이 물었다.

"어려서 독서하실 때 몇 번 읽으면 외우실 수 있었습니까?"

그러자 조목은 이렇게 답했다.

"열서넛 이전에는 열 번 읽으면 외우지 못하는 게 없었는데, 열다섯 이후부터는 숙독熟讀하는 것을 중요하게 생각해서 보통 책도 거의 모두 백 번 넘게 읽었다."

외우기 위해서가 아니라 이해하기 위해서 백 번 넘게 읽었단다. 하지만 우리나라 교육제도에서 자꾸 읽어야 하는 이유는 무엇보다 외우기 위해서다. 암기를 잘해야 시험을 잘 치른다고 생각하기 때문이다. 그런데 이해를 하면 암기는 자연스레 따라오지만, 암기가 되었다고 이해가 따라오지는 않는다. 그리고 이해하지 못한 채 무작정 외우기만 하는 공부는 시험이 끝남과 동시에 바람과 함께 사라져버린다. 잊혀진 내용은 나의 배경 지식으로 남지 못하기 때문에 새로운 내용을 배울 때 또다시 무작정 암기하는 수밖에 없다. 암기 위주 학습의 악순환이다.

"많이 읽으면 시험을 잘 치른다"는 선생님들의 당부를 들으며 자랐지만, 이제 이 말의 가치를 안다. 결국 언어란 의미를 전달하는 매체이기 때문에 모르는 외국어도 시간을 들여서 보고 또 보면 이해하는 순간이 온다. 내가 마침내 서간문을 읽을 수 있었던 이유도, 그 글이 전하고자 하는 메시지가 글자마다 담겨 있었기 때문이다. 내가 꾸역꾸역 단어와 뜻을 찾는 동안 어느새 그 의미가 내게 와 닿았고 내가 그것을 눈치챈 것이다. 외국어를 공부할 때 먼저 전체 문장을 여러 번 읽으면서 단어를 공부하는 것이 좋은 이유가 이 때문이지 않을까. 자꾸자꾸 읽다 보면 어느 순간 그 글이 내포하고 있는 뜻을 이해하고, 알게 된다.

이러한 사실을 깨닫고 보니, 외국어는 이렇게 시간을 들여 공부하면서 한국어에 이렇게까지 공을 들인 적이 있었나 문득 반성하게 된다. 우리에게 한국어는 이미 아는 것이기 때문에 글자를 읽었으면 그 의미까지 이해한 거라고 속단하는 경우가 종종 있다. 그래서 우리는 한글로 쓴 책을 읽을 때 백 번 넘게 읽으며 의미를 되새기는 경우가 거의 없다.

그러나 좋은 책은 쉽게 읽히지 않는다. 글이 담고 있는 깊은 의미를 파악하려면 읽고 또 읽는 노력이 필요하다. 그렇게 할 때 책은 비로소 내 것이 된다. 제대로 이해한 책은 더 이상 저자의 것만이 아니다. 내 것도 되는 것이다. 그렇게 내 것이 된 책들이 모여 또 다른 책을 더 깊고 넓게 이해할 수 있게 해주는 밑거름이 된다. 이런 시간이 반복되면서 나의 깊이가 쌓여가면, 책을 읽을 때뿐 아니라 사람을 이해하고 세상을 바라보는 데도 큰 도움이 된다. 사람도, 세상도 더 깊고 다면적으로 바라볼 수 있는 시선이 생겼음을 자신도 모르는 사이에 발견하게 되는 것이다. 시간을 들이지 않은 독서는 오독誤讀과 난독亂讀만 가져올 뿐이다.

학창 시절 선생님이 하신 말씀은 정말 맞았다. 문제 속에 답이 있다. 열심히 읽고 또 읽으면 답이 보이는 마법을, 나는 직접 체험했다. 다만 이 마법을 경험하려면 그 대가로 '시간'을 지불해야 한다. 단순히 외우기만 하면 한 시간 만에 끝낼 분량을 며칠씩 머리를 싸매고 고민해야 할 수도 있다. 그래도 나를 위해, 나의 깊이와 내공을 위해 이런 시간을 한번 써보는 것도 제법 멋진 일이지 않을까?

3장

사회를
생각하다

함께 사는 세상을 만들고 싶어서

오랫동안 그래왔지만 지금도 대한민국은 부동산의 나라다. '조물주 위에 건물주'라는 표현이 아무렇지 않고, 초등학생의 장래희망이 건물주인 게 우리의 현실이다. 부동산 불패 신화, 집값이 떨어지면 나라가 뿌리째 요동하는 나라, 집값이 떨어져야 하는데 떨어져서는 안 되는 그야말로 이러지도 저러지도 못하고 전전긍긍하는 나라, 자녀를 위해 적어도 집 한 채 정도는 장만해두어야 한다고 믿는 나라.

이런 상황, 괜찮은 걸까? '옳지는 않지만 오랫동안 그래왔으니 우리 아이 때까지만 버티고……'라는 생각에는 정말 문제가 없을까? 아이에게 집을 물려주는 것이 과연 내가 아이의 미래를 안전하게 지켜주는 방법일까?

《한서漢書》〈소광 열전疏廣列傳〉에는 중국 한나라 때의 문신이었던 소광疏廣의 이야기가 실려 있다. 그는 태자의 스승이었는데, 그가 은퇴를 청하고 벼슬자리에서 물러나자 황제는 특별히 황금 20근을 하사했고 태자는 황금 50근을 하사했다. 이 엄청난 퇴직 선물을 받은 소광은 무엇을 했을까? 바로 잔치를 열었다. 그는 고향으로 돌아가 친척과 친구와 마을 사람들까지 온갖 손님을 초대해 먹고 마시고 즐겼다. 하루이틀이 아니라 매일 그렇게 지냈다. 그걸로 부족한지 가족들에게 "황금이 아직 얼마나 남았나? 빨리 팔아서 얼른 음식을 장만해!"라고 자주 재촉했다.

어느 정도 즐기다 말겠지 했던 그의 행동은 도무지 멈출 기미를 보이지 않았다. 그렇게 무려 1년이 지나자 참다못한 소광의 자손들은 그가 좋아하고 신뢰하는 어르신을 조용히 찾아가 넌지시 부탁했다. "저희는 아버지 대에서 가업을 제법 탄탄하게 세우게 되리라 기대했습니다. 그런데 지금 재산을 밑천 삼아 먹고 마시는 데 다 써버릴 판입니다. 어르신께서 남은 돈으로 밭과 집을 마련하도록 저희 아버지를 좀 설득해주십시오. 부탁드립니다!"

그 어른이 소광을 찾아와 자손들의 바람대로 슬쩍 권했다. 그러자 소광은 이렇게 대답한다.

"내가 어찌 노망이 나서 자손을 생각하지 않겠습니까? 살펴보니 옛날 밭과 집이 그대로 있더군요. 자식들이 부지런히 힘써서 그것들을 잘 일구고 관리한다면 먹을거리며 입을 거리를 다른 사람들만큼 충분히 마련할 수 있을 겁니다. 그런데 원래 있는 이것에 재산을 더 주어 차고 넘치게 한다면 자식들에게 게으름을 가르치게 될 뿐이지요.

현명하면서 재산이 많으면 그 뜻이 손상되고 어리석으면서 재산이 많으면 잘못을 더하게 됩니다. 부자는 뭇사람들의 원망을 많이 사는 법, 나는 자식들을 교육해서 사람 만드는 걸 제대로 못했는데, 여기에 과실을 더해 원망까지 빚어내고 싶진 않습니다."

吾豈老悖, 不念子孫哉. 顧自有舊田廬, 令子孫勤力其中, 足以共(供)衣食, 與凡人齊. 今復增益之, 以爲贏餘, 但敎子孫怠惰耳. 賢而多財則損其志, 愚而多財則益其過. 且夫富者, 衆之怨也, 吾旣無以敎化子孫, 不欲益其過而生怨.

그는 이런 말도 덧붙였다. "게다가 이 황금은 훌륭한 임금께서 늙은 신하에게 베풀어주신 은혜가 아닙니까? 그러니 마을 사람들과 친척들과 함께 제가 받은 은혜를 누리면서 즐겁게 저의 여생을 마치려고 하는데, 괜찮지 않습니까?"

참 멋진 사람이지 않은가! 무엇을 남겨주는 것이 진정으로 자손을 위하는 길인지 알았던 그의 노년의 삶이 반짝반짝 빛나 보인다.

토지 불평등은 현재 우리나라의 불평등한 경제 상황을 고착시키는 중요한 문제다. 한국은 부동산이 국부의 86퍼센트에 달하는데,

면적으로 보면 2012년 기준 개인 상위 1퍼센트가 전체 토지 면적의 약 55퍼센트를, 상위 10퍼센트가 97.6퍼센트를 차지하고 있다. 그리고 상위 1퍼센트가 보유한 주택은 평균 일곱 채다. 2008년에는 이들 1퍼센트가 37만 가구를 소유했는데, 10년 사이에 91만 가구로 증가했다. 새로 보급한 주택의 절반을 다주택자가 또 산 것이다.

이번에는 임대 사업자로 살펴볼까? 상위 서른 명이 소유한 집이 무려 1만 1,029채다. 한 명이 평균 367채를 가진 것이다. 임대주택을 가장 많이 가진 개인은 무려 594채를 가지고 있다. 주택 보급률이 100퍼센트를 넘어 103퍼센트에 이르는데 자기 집을 가진 사람이 국민의 절반 정도밖에 되지 않는 기이한 현상은 이렇게 만들어지고 지속된다. 결국 이 나라에서 벌어들이는 이득의 대부분은 오롯이 땅 가진 사람들의 차지가 되는 셈이다.

가진 자들의 자손들은 소광의 자손들과 다를 바 없다. 땅에 땅을 더하고 건물에 건물을 더하지 않으면 견디지 못한다. 넉넉한 집안에서 태어나 엘리트 교육을 받은 사람들이 머리로만 아는 고생과 몸으로 아는 안락 중 무엇을 택할지는 자명하다. 자녀들은 나이 들수록 우애와 효도가 아닌 형제 수와 부모의 유산을 계산하는 데 익숙해지고 민감해진다.

부모들 역시 자녀의 이런 모습에 속상해하면서도 '내 새끼'를 벗어나지 못한다. '내 새끼, 직업도 변변찮고 벌이도 시원찮은데 집이라도 한 채 물려줘야지, 건물 월세라도 받게 해줘야지'라고 생각한다. 그러나 이런 생각은 자녀를 병들게 만들고, 나아가 다른 사람의 자녀와 그 자녀들의 삶도 망칠 뿐이다. 노력할 필요가 없는 사람과 노력해도 될 수 없는 사람, 결과는? 기회의 평등이 깨져버린 사회의 인재난이다. 인재 아닌 사람이 인재가 있어야 할 자리에 앉고, 인재가 될 수 있었던 사람도 경우에 따라서는 더 이상 노력하기를 포기해 인재가 되지 못한다. 한편으로는 노력할 기회조차 주어지지 않아 인재가 되지 못하는 이들도 있다. 불평등의 시간이 지속될수록 양쪽 모두에게 학습된 무기력은 사회를 점차 병들게 만든다.

《한서》〈소광 열전〉의 본문에 달린 주석이 재미있다. "세상 사람들은 다만 사사로움을 경영하고 계산하여 밭과 집을 늘려 자손에게 남겨줄 줄만 알고, 덕과 의를 가르쳐 세대를 장구히 할 방도는 알지 못한다. 그렇게 되면 그 많은 재산은 결국 한갓 방탕함과 사치를 무겁게 하고 그 어리석음을 자라게 할 뿐이니, 밭과 집과 재산이란 것도 끝내 보전하지 못하게 된다."

자녀를 지켜줄 거라 믿었던 토지라는 유산이 풍요 속에서 자녀를 되레 피폐하게 만들어버린다는 것이다. 이제는 아이들에게 무엇을 물려줘야 할지 정말 진지하게 고민해봐야 한다. 내가 죽었을 때 나의 아이들, 후손들은 나를 어떻게 기억할까? 나의 무엇을 기억할까? 그것이 무엇이든 돈보다 더 가치 있는 것이 좋지 않을까? 자신만 아는 이에게 계속해서 자신만 알라고 가르치고 타인에게는 견고한 울타리를 치는 사람이 아니라, '더불어 함께'의 아름다운 가치를 깨닫게 해준 어른으로 기억되는 것이 좋지 않을까?

끊임없이 간섭하면 죽는다

사람 사는 모습이 많이 변했다고 하지만 여전히 변하지 않는 것들이 있다. 명절 스트레스가 아마 대표적일 것이다. 특히 추석이 그렇다. 설 연휴도 있지만, 새해가 되었다는 기쁨과 세뱃돈과 덕담을 주고받으며 서로의 건강과 안녕을 기원하는 설날은 상대적으로 조용히 지나가는 것 같다. 대신 각자 정신없이 봄과 여름을 보내다가 가을 문턱에 들어서면, 그제야 오랜만에 친척들을 만나게 된다. 기쁘고 반갑지만 한편으로는 말도 많고 탈도 많은 게 사실.

세상에서 가장 진지하면서 깊이는 없는 걱정이 남 걱정이라는 말도 있는데 성적, 사업, 결혼, 취업 등 우리 사회에서 중요하게 여기는 몇 가지 관문에서 조금이라도 자신이 부족해 남 걱정의 대상이 될 것 같다 싶은 사람은 명절 이야기가 나올 때부터 슬슬 스트레스를 받는다. 친척들의 걱정이 결코 '너를 기분 상하게 만들고야 말겠어' 하는 마음으로 건네는 말은 당연히 아니지만, 그런 말들은 언제나 당사자에게 상처가 된다.

친척들이 건네는 질문으로 포장된 공격은 종종 부모 자식 간의 불화로 이어진다. 부모는 항상 자녀 걱정을 모든 걱정의 최전방에 놓고 고민하는데, 일가친척이 모두 모이는 명절이면 그 걱정이 더욱 깊어지기 때문이다. 부모의 걱정은 사랑에서 비롯된 것이고 그 걱정이 실은 사랑이라는 걸 너무 잘 알고 있지만, 그래도 아픈 건 사실이다. 그래서인지 오히려 친척들이 상처를 주기 전에 부모가 먼저 상처를 주는 경우도 허다하다. 당장 해결될 수 없고 대답할 수 없는 문제를 계속 건드린다고 그 문제가 더 빨리 해결되거나 답이 나오는 게 아니다. 대개 어른들은 상처를 줄 만큼 준 뒤에 뭔가 겸연쩍어지면 다 너잘되라고 하는 말이라고 하는데, 이건 치료도 되지 않는 연고일 뿐이다. 이런 사후 땜질로는 이전 상태로 회복될 수 없다. 한국에서, 명절에, 그저 서로 즐겁기만 한 만남을 가질 방법은 정녕 없는 걸까?

당나라의 유명한 문장가 유종원柳宗元이 쓴 〈나무 심는 사람, 곽탁타種樹郭橐駝傳〉라는 글이 있다. 여기서 꽤 괜찮은 힌트를 하나 얻을 수 있을 것 같다.

제목에서 알 수 있듯 이 글은 나무를 잘 가꾸기로 유명한 곽타타
란 사람의 이야기를 담고 있다. 곽탁타는 본명이 아니다. 성이 곽 씨
인 누군가인데, 그는 구루병을 앓아 척추가 굽는 바람에 등이 높이
솟아 있었다. 탁타는 낙타라는 뜻으로, 사람들이 그의 겉모습을 보고
낙타 같다고 붙인 별명이다. 곽탁타는 사람들이 자신에게 붙인 별명
을 듣더니 "딱인데?" 하면서 그대로 자기 이름으로 삼았다고 한다.

이 사람은 나무 심는 일을 했다. 그런데 어찌나 나무를 잘 키우는
지 관상용이든 유실수든 나무가 필요한 사람은 모두 곽탁타를 찾아
나무를 길러달라고 부탁했다. 하루는 그의 능력을 신기하게 여긴 사
람이 대체 무슨 비법이 있어 나무를 이리 잘 키우냐고 물었다. 그러
자 곽탁타는 이렇게 대답했다.

"저라고 무슨 대단한 재주가 있어서 나무를 오래 살게 하고 무성해지게
하는 게 아닙니다. 그저 하늘이 부여한 나무의 특성에 맞춰 저마다 타
고난 대로 성장할 수 있게 해줄 뿐입니다.
橐駝非能使木壽且孶也. 以能順木之天, 以致其性焉爾.

이렇게 말하며 그가 설명한 나무 가꾸기 비법은 다음과 같다.

"나무의 성질은 이렇습니다. 길고 편안하게 뿌리 내리길 바라고,
고르게 잘 북돋워지기를 바라고, 낯선 흙이 아니라 영양이 풍성한 묵
은 흙 위에 자라기를 바라며, 그 흙이 치밀하게 잘 다져지기를 바라

죠. 이대로 심었다면 이 나무를 흔들지 말고, 나무가 죽을까 봐 염려하지도 말고 나무를 떠나서 아주 잊어버린 듯이 지내야 해요. 심을 때는 자식처럼 사랑하고 내버려둘 때는 잊은 것처럼 해야 하죠. 이렇게 하면 나무는 원래 부여받는 자기 본성대로 잘 자랍니다. 저에게 나무를 크고 무성하게 만드는 비책이 있는 게 아니라 나무의 성장을 방해하지 않을 뿐이고, 일찍 많은 열매를 맺게 하는 비책이 있는 게 아니라 열매가 맺힐 때 방해해서 열매를 줄어들게 하는 짓을 하지 않을 뿐입니다.

그런데 다른 사람들이 나무 심는 걸 보면 저와 다른 경우가 많아요. 이를테면 뿌리는 제대로 펴지지 못하고 말려 있으며 흙은 바뀌어 있죠. 너무 지나치게 북돋워놓았거나 너무 얕아 부족하게 해두었고요. 또 이와 반대인 경우는 나무를 너무 사랑하고 너무 걱정한 나머지 아침저녁으로 어루만지고, 가다가 돌아보고 또 돌아보고요. 심하면 나무껍질을 손톱으로 긁어서 살았는지 말라 죽었는지 살피고, 뿌리를 흔들어서 잘 심겨졌는지 확인하기도 해요. 나무 스스로 건강히 자라기는 애초에 불가능합니다.

이런 행동은 말로는 사랑한다 하지만 실은 해치는 것이고, 걱정하는 것이라고 하지만 실은 원수가 되자는 겁니다. 그러니 제가 심은 나무들처럼 자라지 못하죠. 그런데 제가 또 뭘 어찌하겠습니까?”

곽탁타의 강의는 ‘나무의 성질은 이렇습니다’로 시작한다. 가꾸기가 아니라 나무 자체를 아는 것이 핵심이라는 것이다. 정말 지혜롭지 않은가? 나무 심는 사람이 가장 먼저 할 일은 '이 나무가 무엇인지' 파악하는 일이다. 내가 나무에게 얼마나 심혈을 기울이는지가 중요한 것이 아니라 나무를 아는 게 중요하다. 나무를 잘 키우고 싶어도 내 노력만 있다면 나무를 해칠 뿐이다. 진심 하나만 중요하다면 세상에 안 되는 일이 어디 있을까? 나무가 잘 자라기를 바라는 것이 진심이라면 나무를 아는 데 게을러서는 안 된다.

나무를 알고 나무에 적합한 환경을 만들어주었다면 다음에는 무얼 해야 할까? 나무를 믿어야 한다. 이제 스스로 잘 자랄 거라고 믿어야 한다. 그런 능력을 이미 가지고 태어났으니 손대지 말고 내버려둘 수 있어야 한다. 끊임없이 매만지면 죽는다. 나무를 모르고 사랑만 쏟아도 나무를 죽이고, 사랑이란 이름으로 끊임없이 성장을 간섭해도 죽는다. 알아야 하고 믿어야 한다. 사랑은 그 사이에 있다.

인간은 보호를 받아야 생존할 수 있지만 기본적인 문제가 해결된 이후로는 스스로 성장할 능력을 갖추고 있다. 스스로 생각하고 욕심을 가지고 꿈을 꾸는 인간이란 존재는, 무엇보다 스스로를 먼저 걱정하는 매우 자기중심적인 존재다. 누구나 자기 인생부터 걱정하게 마련이다. 굳이 간섭하면서 아프게 할퀴지 않아도 자녀들은, 젊은이들은 이미 제 인생을 가장 많이 아파하고 가장 열심히 고민하며 고군분투하고 있다. 그러니 작은 지지, 약간의 격려와 신뢰만으로도 그들은 충분히 잘해낼 것이다. 그렇게 믿고 사랑해도 충분하다. 명절에는 걱정을 가장한 상처가 아니라 신뢰를 바탕에 둔 사랑이, 조용한 믿음에서 나온 따스한 시선이 풍성한 음식의 소화제가 되어주었으면 한다.

찬바람이 불기 시작하면 마음이 시려온다. '한 해가 또 가는구나.' 찬바람에 마음이 시린 것은 핫초코를 마시지 않아서이기도 하지만 자연스레 지난 1년을 돌아보게 되기 때문이다. '올해는 기필코!'로 시작하지만 '올해도 여전히……'로 끝나는 건 해마다 비슷하다. 다만 반성하고 실망하기 전에 돌아봐야 할 것이 있다. 바로 '기준'이다.

우리는 어떤 기준에 맞춰 우리의 1년을 돌아보고 있을까? 세상이 부여하는 기준대로 우리의 지난날을 돌아본다면 아마 대다수는 마이너스이거나, 성공보다는 실패에 가까운 한 해를 보냈다고 자책할지 모른다.

그런데 그 기준이 꼭 옳은 것일까? 새로운 가능성이라는 기준으로 돌아본다면 엄청난 플러스를 거둔 한 해일지도, 예쁜 꽃에 탐스러운 열매도 맺은 한 해일지도 모른다. 중요한 것은 내 시선이 어디서부터 출발했느냐 하는 점이다. 시선이 바뀌면 계산법도 바뀌는 법.

《장자》〈소요유〉에 아주 재미있는 이야기가 실려 있다.

송나라에 손이 트지 않게 하는 신통방통한 약을 제조하는 사람이 살았다. 이 사람은 조상 대대로 솜을 씻는, 그러니까 세탁 일을 가업으로 삼는 집안 출신이었다. 먹고살려면 겨울에도 세탁을 해야 하는데 그러자니 손이 거북이 등껍질처럼 갈라지고 터져서 일을 하기 힘들었다. 필요는 발명의 어머니라고, 결국 그는 겨울에 찬물에 손을 담가도 손이 트지 않는 아주 비상한 약을 개발하게 된다.

어느 날 이 약에 대한 소문을 듣고 누군가가 이 사람을 찾아왔다. 그는 상당한 돈을 줄 테니 약 만드는 방법을 알려달라고 제안한다. 약 비방을 가진 사람은 가족과 상의했다.

"우리 집은 가문 대대로 헌 솜을 세탁하며 살아왔는데 지금까지 벌어들인 돈은 진짜 얼마 안 되잖아? 그런데 이 사람이 약 만드는 방법을 알려주면 우리가 그동안 벌었던 돈의 열 배가 넘는 돈을 준다네. 우리가 언제 이런 돈을 만져보겠어? 이걸 알려주는 게 좋겠지?"

거래는 성사됐고, 방문객은 마침내 약 만드는 방법을 알게 된다.

약 만드는 방법을 알아낸 사람은 오나라 왕을 찾아갔고, 이 방법을 설명하면서 벼슬자리를 요구한다. 마침 월나라가 오나라를 공격했기 때문에 왕은 그를 장수로 임명해서 전투를 치르게 한다. 그는 겨울철에 수중전을 펼쳐 대승을 거두는데, 약 만드는 방법을 알았기에 가능한 일이었다. 왕은 그의 승리를 치하하며 땅을 분봉分封해주었다. (이 전투는 기원전 494년경에 있었던, 오왕 부차夫差가 월왕 구천句踐을 이긴 전투로 추정된다.) 그렇다면 장자는 이 이야기에 대해 뭐라고 했을까?

> "겨울에 손이 터서 거북이 등마냥 쩍쩍 갈라지는 것을 막는 비법은 한 가지인데, 누구는 그것으로 직할지를 얻어 영주가 되고 누구는 그걸 가지고도 솜 씻는 세탁업을 면하지 못하고 있으니, 이것은 그 비방을 사용하는 방법이 달랐기 때문이다."
>
> 能不龜手一也, 或以封, 或不免於洴澼絖, 則所用之異也.

솜 씻는 일을 가업으로 삼았던 사람들은 먹고살기 위해서 겨울에도 일을 해야 하니 어떻게든 손이 트지 않는 방법을 찾아야 했을 것이고, 이런저런 민간요법이 쌓이고 쌓이다가 드디어 비책까지 만들었을 것이다. 대대손손 세탁 일을 업으로 삼았으니 겨울에도 손이 트지 않는 약이 편리했겠지만, 이들 가족에게 이 방법은 말하자면 생활의 지혜 정도에 지나지 않았다. 손이 트지 않는 약으로 뭔가를 해보려고 고민했다면 다른 고민이나 상상도 할 수 있었겠지만, 그런 이유로 약을 개발한 것이 아니니 원하는 결과물을 만드는 데 성공했어도 생각이 다른 방향으로 뻗어가지 못한 것이다.

매일 반복되는 똑같은 일상 속에서 새로운 가능성을 찾기란 쉽지 않다. 그래서 기발한 약을 가지고 있으면서도 여전히 세탁 일만 생각했던 것이다.

반면 벼슬을 얻은 남자는 다른 시선으로 손이 트지 않는 약을 바라보았다. 그에게는 세탁이란 일상이 없었기 때문이다. 그는 영주가 되기 전까지는 왕의 눈에 들기 위해 왕에게 가장 필요한 것을 고민했을 것이고, 그러다 전쟁에서 승리하겠다는 방법을 찾았을 것이다. 반드시 승리하려면 색다른 전술이 필요했을 것이고, 그 방법을 고민하던 중 약에 대한 소문을 듣지 않았을까. '겨울에 수중전을 할 수 있다'는 생각이 스쳤을 때 아마 이 남자의 눈이 반짝 빛났을 것이다.

다른 각도에서 볼 수 있는 시선은 같은 대상에게서 다른 가치를 발견하게 한다. 주의할 것은 그렇기 때문에 한 번의 반짝거림은 영원하지 않다는 것이다. 뭔가를 열심히 모색하는 시선을 거두면 어떤 새로운 생각이나 아이디어도 끝난다. 반짝였던 남자의 눈도 권력을 누리며 거기에 매몰되는 순간 다시 빛을 잃게 될 것이다.

장자는 우리에게 세상은 늘 똑같은, 뻔한 곳이 아니며 보는 시각에 따라 얼마든지 다르게 보이는 곳이라고 알려준다. 다르게 보면 다른 삶이 시작된다는 기회와 가능성을 일깨운다. 특별하기 때문에 특별한 것이 아니라 특별하게 보기 때문에 특별해진다는 것이 장자가 이 이야기를 통해 우리에게 전하는 메시지가 아닐까.

그래서 그는 '쓸모없음의 쓸모'를 주장했다. 세상은 시간 낭비라고, 쓸데없는 일이라고 꾸짖는 '소요逍遙', 그러나 일 없이 슬슬 노니는 소요의 가치를 알지 못하면 인간으로서 누릴 수 있는 절대자유의 가치도 놓치게 된다. '쓸모없음'이야말로 진정으로 큰 쓸모라고 한다면, 어쩌면 세상이 쓸모있고 훌륭하다고 떠받드는 사람보다 지겨우리만치 평범하고 특징 없는 우리가 세상에 훨씬 더 많은 가치를 남기고 있는지도 모른다.

기준이 잘못되면 과정이 잘못되고, 과정이 잘못되면 결과와 해석도 잘못된다. 내 인생을 나 스스로 채 디자인하기도 전에 세상은 우리에게 '세상이 보기에' 가치 있는 사람이 되라고 요구한다. 그럴싸한 뭐라도 하나쯤 가져야 누리면서 살 수도 있지 않겠냐고, 아무것도 없으면서 여유롭게 산다는 건 자기기만일 뿐이라고 비아냥거린다.

하지만 장자는 말한다. 생각과 시선이 한 곳에 머물러 있으면 우리가 정말 가지고 있는 것이 무엇인지 깨닫지 못한다고. 그래서 귀한 걸 가지고 있으면서도 누리지 못하면서 살게 된다고.

반짝거리는 삶은 세상의 기준이 아닌 나 자신에게 달려 있다. 살아 있다는 것만으로 나는 빛난다고 여기고 스스로에게 조금 너그러워지자. 남들이 뭐라 하든 내 인생은 축제라고, 틈날 때마다 샴페인을 빵빵 터뜨려주자. 내가 나에게 건네는 이 칭찬과 축제가 내 시야를 넓혀주고, 내 삶을 새로운 방향으로 이끌어줄 것이다.

〈더 뱅커〉라는 드라마를 봤다. 은행 내부에서 벌어지는 권력 싸움을 다룬 작품이다. 드라마에서는 부행장이 9년째 행장직을 연임하고 있는 행장과 서로 뜯고 뜯기는 싸움을 하는 와중에, 부행장의 라인으로 영입되어 임원이 된 주인공이 자신의 사람들과 함께 행장의 공격에 어떻게 대응할지 상의하는 장면이 그려졌다. 주인공은 눈치가 빠르고 상당히 똑똑해서 이런저런 사태에 기민하게 대응하는 캐릭터로 그려졌다.

그런데 문득 이런 생각이 들었다. '저 사람은 매우 똑똑한 인물이라는데, 왜 저 사람이 하는 대화 속에 은행의 미래는 없는 걸까?'

내가 주인공에게 공감하려면 저 인물은 좀 더 넓고 큰 시야를 가지고 있어야 할 것 같았다. 바로 '조망'하는 시선.

드라마를 볼 때만 이런 생각을 하는 건 아니다. 우리는 살면서 시야가 좁아지는 경험을 자주 한다. 회사에 들어간 후 어떤 부서에 배치되어 나에게 주어진 일을 바삐 해결하다 보면 내가 앉아 있는 책상 크기만큼 내 생각의 크기도 줄어든다. 주어진 일만 하기도 바쁜데 내가 뭐라고 이 회사의 설립 목적, 경영 방식, 미래 따위를 고민하나? 그런다고 경영진이 내 생각에 귀 기울일 리도 없는데…… 라고 생각하고 더 이상 고민하기를 포기해버린다.

하지만 정말 그렇게 두어도 괜찮을까? 내 일이 나의 시야를 결정하는 게 아니라 내 시야가 내 미래를 결정하고 있는 건 아닐까 하는 생각이 들었다.

유종원의 글이 떠올랐다. 《당송팔대가문초唐宋八大家文抄》에 수록돼 있는 〈도목수 이야기梓人傳〉라는 글이다. 유종원은 어떤 도목수와 이야기를 나누다가 그의 실제 모습을 보고 실망을 금치 못한다. 도목수가 아마 허세를 부렸나 보다. "나는 재목을 헤아려 들보와 기둥의 규모에 적합한지 판단하고 손가락으로 딱딱 지시를 내려요. 그러면 목공들이 일을 합니다. 내가 아니면 목공들이 많아봤자 집 한 채가 완성이 안 된다니까요. 그래서 나는 공공 토목사업을 할 때는 공인들보다 보수를 세 배 더 받고, 개인 집을 지을 때는 인건비의 절반 이상을 가져가죠."

도목수가 하도 자신이 대단한 것처럼 말하기에 유종원은 처음에는 그런가보다 했다. 그런데 얼마 뒤에 도목수의 집에 갔다가, 그가 상다리 하나를 못 고쳐서 "목공을 불러야겠는데?" 하며 손을 털고 일어나는 장면을 보게 되었다. 유종원은 도목수가 재능은 없으면서 돈만 좋아하는 사람이라고 생각했다.

후일 유종원은 도목수를 다시 만난다. 요즘으로 치면 서울시장급 정도 되는 인사가 관저를 꾸미게 되었는데 유종원이 그 공사 현장을 우연히 방문했다가 도목수를 만난 것이다. 그런데 이번에는 그 도목수가 여러 목수를 모아놓고 정말로 일을 지시하고 있는 게 아닌가! 목수들은 모두 그의 지시만 기다리고 있고, 그가 들보와 기둥의 규모, 현재 확보한 나무의 크기 등을 살펴 "여기 도끼질을 해라", "여기 톱질이 필요하다", "여기는 대패질!" 하고 지시를 하면 모두가 지시대로 일을 했다. 아무도 스스로 판단해 일하지 않았고, 도목수가 일하는 모습이 마음에 안 든다고 다른 목수를 쫓아내도 군말 한마디 하지 못했다. 도목수가 그린 설계도는 정밀했고, 그의 지시에 따라 그 치수대로 건물을 짓자 그 큰 건물이 오차 없이 제대로 완공되었다. 마지막으로 들보에 "모년 모월 모일 아무개가 건축하였다"라는 문구와 도목수의 이름이 함께 새겨졌다.

이 모습을 보고 비로소 유종원은 목수와 도목수의 차이를 깨닫고, 도목수에게서 재상의 모습을 유추해낸다.

"저 도목수는 손재주를 버리고 지혜에 전념하여 일의 핵심을 제대로 안 사람이 분명하구나! 내가 배운 바에 따르면 마음을 수고롭게 하는 자는 남을 부리고 몸을 수고롭게 하는 자는 남에게 부림을 당한다고 했으니, 저 사람은 마음을 수고롭게 하는 자가 분명하구나! 기능이 있는 자는 일에 쓰임이 되고 지혜가 있는 자는 일을 설계한다고 했으니, 저 사람은 지혜 있는 자가 분명하구나! 이는 최고 지도자를 보좌해 세상을 돕는 자들의 본보기가 되기에 충분하니, 세상 어떤 일도 이보다 더 비슷한 경우는 없다."

彼將捨其手藝, 專其心智, 而能知體要者歟! 吾聞勞心者役人, 勞力者役於人, 彼其勞心者歟! 能者用而智者謀, 彼其智者歟! 是足爲佐天子相天下法矣, 物莫近乎此也.

사람들은 가끔 우스개소리로, 때로는 우스개소리에 진심을 담아 이런 말을 한다. "사람이 기술이 있어야 해." 정말 그렇다. 기술이 있으면 굶지는 않는다. 하지만 이런 말을 할 때 우리는 도목수의 기술보다 목공의 기술을 떠올리지 않을까? 도목수의 기술은 엄청난 기술이다. 다만 규모가 너무 커서 기술로 보이지 않을 뿐이다.

그도 처음 목수가 되었을 땐 분명 한 분야의 일을 할당받았을 것이다. 처음부터 도목수일 수는 없는 법. 그 역시 시작은 다른 목수들과 같았을 것이다. 그러나 다른 목수들이 자기에게 주어진 분야에만 매몰되어갈 때 그는 누가 시키지 않아도 집 전체를 보는 데 관심을 갖고, 집이 어떤 과정을 거쳐 완성되어가는지 관찰했을 것이다. 그리고 그 순간이 그의 미래를 바꿨다.

유종원은 말한다. "핵심을 알지 못하는 사람은 조심하고 부지런함을 공으로 여기고, 문서를 작성하는 것을 대단한 일에 생각하며 명성을 자랑하고, 자질구레한 일을 직접 하고 여러 관직의 일에 상관해서 잔다란 일로 다른 부서와 맞장을 뜨느라 큰 것과 원대한 것을 버린다. 이는 재상의 길을 전혀 알지도, 이해하지도 못한 것이다."

재상이라는 위치를 지금 우리 현실에서 이해하면 각 기관의 장급 임원, 또는 지도자라 할 수 있다. 임원과 장급 책임자들이 처음부터 그 자리에서 일을 시작한 건 아니다. 물론 족벌 체제가 있기도 하지만 대다수는 아래에서부터 성장하며 위로 올라간다. 문제는 아랫사람에게 요구되는 능력과 윗사람에게 요구되는 능력이 다른데, 그 다른 능력을 따로 가르쳐주지 않는다는 것이다.

내 시야가 내 미래를 바꾼다. 시키지 않아도 궁금하게 여겨야 하는 것이 있고, 당장 급하지 않아도 놓치지 말아야 하는 것이 있다. 전체를 보는 눈으로 미래를 설계하는 감각이 필요하다. 기회가 항상 오는 것은 아니지만 최소한 이것이 기회임을 알아보는 눈도, 그 기회를 놓치지 않고 반응하는 행동력도 내가 준비되어 있어야 가능한 일이 아니겠는가? 그러니 삶의 시야를 조금 더 넓혀보면 어떨까?

달라진 시야가 내 일의 방향을 바꿀 것이고, 그 방향이 나를 다른 곳으로 데려다줄지 모른다. 꼭 넓은 미래를 고민하지 않더라도 어떤 일이든 조망할 수 있는 시야를 갖는다는 건 인생에서 밑지는 장사는 아니지 않겠는가?

요즘은 너나 할 것 없이 사진을 정말 많이 찍는다. 거의 모든 사람이 스마트폰을 쓰고 SNS 계정도 하나쯤은 가지고 있어서, 자기 일상을 끊임없이 찍어 SNS에 올린다.

뭐든 사진으로 찍고 인증하는 방식이 일상이 되다 보니 '흑역사'라는 말도 생겼다. 예쁘고 멋있지 않은 사진, 메이크업이나 후보정을 하지 않은 사진, 표정이나 자세가 일그러져 우스꽝스러운 사진이 찍힌 시기를 흑역사라고 부른다. 인터넷에 사진을 올리고 확산시키는 게 워낙 쉽고 간편해지다 보니 연예인이 아니어도 인터넷에서 어떤 사람의 과거 모습을 쉽게 찾아볼 수 있게 되었는데, 그래서인지 요즘 십대들은 졸업 사진으로 대표되는 흑역사를 없애려고 피부과 시술과 성형수술을 한다.

사회 분위기가 이렇다 보니 이제 피부과 시술과 성형수술은 우리나라 사람들에게 일상적인 요소 같기도 하다. 외모가 경쟁력이란 말도 너무 당연하게 받아들여진다. 성격이나 내면의 매력을 봐야 한다는 말은 구시대의 낡은 유물이 되어버린 것 같다.

그런데 아주 오랜 과거에도 외모만으로 사람을 판단하는 게 문제가 됐나 보다. 지금으로부터 무려 2,200년 전인 전국시대 말기에 살았던 순자가 외모로 사람을 판단하는 풍속을 비판하는 글을 남겼으니 말이다. 《순자》의 〈관상술을 비판함非相〉이란 편에는 다음과 같은 내용이 있다.

"관상은 옛 사람도 고려하지 않았고, 배운 자들도 언급하지 않았다. (…) 외모를 보는 것은 심성을 따져보는 것만 못하고, 심성을 따져보는 것은 세상을 판단해 대처하는 방법을 선택하는 것만 못하다. 외모는 심성을 이기지 못하고, 심성은 세상을 읽고 대처하는 방법을 이기지 못한다. 세상을 읽고 대처하는 방법이 올바르면 심성이 그것을 따르게 되니, 외모가 아주 별로여도 심성과 세상을 살아가는 방법이 훌륭하다면 별 문제 없이 존경받는 지성인이 될 것이고, 외모가 출중하더라도 심성과 세상을 살아가는 방법이 아주 별로면 손가락질 당하는 하찮은 인간이 될 것이다.

세상의 길흉은 존경받는 지성인과 손가락질 당하는 하찮은 인간에 의해 결정된다. 그러므로 키가 큰가 작은가, 체격이 건장한가 아닌가, 얼굴이 잘났는가 못났는가는 길흉을 결정하는 요소가 아니다. 옛날 사람들은 관상을 고려하지도 않았고, 배운 자들도 관상을 언급하지 않았다."

相人, 古之人無有也, 學者不道也. ... 相形不如論心, 論心不如擇術; 形不勝心, 心不勝術; 術正而心順之, 則形相雖惡而心術善, 無害爲君子也. 形相雖善而心術惡, 無害爲小人也. 君子之謂吉, 小人之謂凶. 故長短小大, 善惡形相, 非吉凶也. 古之人無有也, 學者不道也.

하긴 외모에 열광하지 않는 시대가 어디 있겠는가? 과거나 지금이나 사람이라면 누구나 눈이 있으니 보기 좋은 모습에 사로잡히기 마련이겠지. 게다가 사람은 미래를 내다볼 능력이 없으면서 항상 앞날을 궁금해하기 때문에, 특히 세상이 불안정할수록 더더욱 앞날을 보고 싶어 하고, 자연스레 관상이나 운세 같은 것에 마음이 끌리는 것이 당연하다.

순자가 살았던 전국시대도 대단히 혼란스럽고 불안했다. 아마 그 당시 사람들은 자신의 길흉화복을 몹시 확인하고 싶었을 것이다. 그래서 영화 〈관상〉이 "내가 왕이 될 상이오?"라는 엄청난 유행어를 남겼듯, 당시 사람들은 '저 사람이 나에게 도움이 되는 상인가?', '이 사람은 함께하면 내가 이롭게 되는 상인가?'를 엄청나게 따지면서 자기 곁에 둘 사람을 골랐던 모양이다.

그런데 순자는 그런 것이 참 부질없는 짓이라고 지적한다. 세상의 길흉화복은 사람의 품성과 재능에 따라 결정되지 외모로 결정되는 게 아니지 않느냐며, 사람들이 놓치고 있던 핵심을 지적한다. 살기 좋은 세상, 질서가 바로잡힌 정의로운 세상에서는 누구든 노력한 만큼 성과를 얻는다. 누구도 억울하게 빼앗기거나 억압받지 않고 타고난 능력에 맞게 행복한 인생을 살 것이다. 그러나 세상이 혼란스럽고 팍팍해지면 아무리 노력해도 쉽게 얻을 수 없는 것이 많아진다.

일이 잘되고 잘못되는 것은 당연히 사람이 결정한다. 타고난 외모가 아니라. 너무나 지당한 말이다. 그런데 이 당연한 진리가 멀리서는 잘 보이는데 가까이에서는 잘 보이지 않는다.

순자는 외모에 쉽게 사로잡히는 세상이 참으로 답답했던 모양이다. 그가 구체적인 예시를 들며 설명하는 내용이 참으로 구구절절하다. 그는 훌륭한 성인들은 모두 외모가 별로 좋지 않았다고 말한다. 순자가 예시로 든, 외모는 부족하지만 탁월한 역량을 발휘했던 인물들을 살펴보자.

요순시대를 연 요임금과 문왕은 키가 컸고 순임금과 주공은 작았다. 공자는 키가 컸으나 군주가 돼도 손색이 없다는 칭찬을 들었던 중궁은 작았다. 위나라 영공의 뛰어난 신하였던 공손려公孫呂는 키가 엄청 컸지만 얼굴은 너무 길고 좁아서 눈, 코, 입이 모두 있는 게 신기하게 여겨질 정도였다. 그래도 그의 명성은 천하에 자자했다.

초나라의 손숙오孫叔敖는 깡촌 출신에 두상이 툭 튀어나온데다 대머리였다. 키는 일반 성인 남자의 가슴까지 올 정도로 아주 작은데다 다리 길이마저 비대칭이었다. 그래도 그는 초나라 장왕을 도와 패업을 이루었다. 초나라 대부인 섭공 자고子高는 너무 왜소하고 수척해서 저 사람이 옷의 무게는 견딜 수 있을까 싶을 정도였으나 초나라에 내란이 일어나자 도읍을 공략해 순식간에 난을 진압했다.

어질기로 둘째가라면 서운한 서언왕徐偃王은 척추가 너무 휘어 눈이 정면을 보지 못할 정도였고, 공자의 얼굴은 마치 귀신 쫓기 의식을 할 때 쓰는 도깨비 탈 같았으며, 주나라의 기틀을 마련하고 안정시킨 주공은 척추가 굽어 몸을 바로 펴지 못했다. 순임금 시대에 오늘날로 치면 법무부 장관직에 오른 고요皐陶는 얼굴색이 마치 깎아놓은 오이 같았고, 주문왕의 훌륭한 신하였던 굉요閎夭는 살갗이 보이지 않을 정도로 얼굴이 털로 뒤덮여 있었다.

은나라 고종의 뛰어난 신하였던 부열傅說 또한 척추가 굽어 등이 높이 솟아 있었고 탕임금을 도와 은나라를 건국한 이윤伊尹은 수염과 눈썹이 없었으며 순임금의 충신이자 하나라를 세운 우임금은 절름발이였다. 은나라를 건국한 탕임금은 반신불수였으며, 앞에서 언급한 요임금과 순임금은 눈동자에 이상이 있었다고 전해진다.

순자는 말한다. "일을 하는 데 그 사람의 키가 작은지 큰지, 체격이 건장한지 왜소한지는 전혀 중요하지 않고 몸무게를 문제 삼지 않는다. 그 사람의 의지가 중요하기 때문이다. 왜 키나 체격, 준수한 얼굴 따위를 논하는 것인가? (…) 배우는 자들이 사람의 뜻을 논하고 사람의 글을 비교해야 할까, 아니면 키를 비교하고 얼굴 생김새의 좋고 나쁘고를 따져서 그것으로 쓸데없는 자랑을 늘어놓아야 할까?"

그는 이어서 이렇게 덧붙인다. "그 옛날 폭군으로 악명 높았던 걸임금과 주임금은 키가 크고 체격이 좋으며 잘생겼다. 어찌나 힘이 세고 강한지 혼자서 백 명을 상대할 정도였다. 그러나 결국 그들은 죽임을 당했고 나라는 망했다. (…) 요즘 세간의 질서를 어지럽히는 백성들과 시골의 경박하고 약삭빠른 젊은이들은 모두 여인네처럼 아름답고 요염하며 기이한 옷차림으로 자신을 꾸미고, 연약하고 애교스럽게 행동한다. 여인들은 이들에게 열광하며 부인들은 지아비로 삼고자 하고, 아가씨들은 연인으로 삼고자 해서 자기 부모와 가정까지 버리고 이들에게 도망하는 지경이다. (…) 배우는 자들이여, 인물을 알아볼 때 앞으로 과연 무엇을 기준으로 삼아 살피는 것이 옳다고 할 텐가?"

무려 전국시대에도 아름다운 외모로 여성을 홀리는 남자들이 있었다니 흥미롭다. 동물은 외형이 뛰어난 개체를 보면 좋은 유전자를 가졌다고 판단하지만 인간은 다르다. 인간은 생각도 삶도 단순하지 않다. 뛰어난 외모의 이점을 너무 일찍 안 사람은 외모의 힘만 활용하면서 자신이 가진 다른 여러 능력을 더 이상 계발하지 않고 방치하는 경우를 종종 본다. 부족한 면을 가진 사람이 되레 더 열심히 노력해서 더 빛나는 사람으로 성장하는 경우도 적지 않다. 뛰어난 성인들이 부족한 외모로도 엄청난 업적을 쌓아 역사에 이름을 남길 수 있었던 것은, 어쩌면 부족한 외모 때문에 세상으로부터 버려지지 않으려 최선을 다해 노력한 결과인지 모른다. 걸주가 폭군이 된 것은 자신의 뛰어난 외모와 힘을 믿고 세상을 너무 쉽게 본 결과는 아닐까.

세상을 살다 보면 언젠가는 내가 가진 능력으로 정직하게 승부를 봐야 하는 순간이 온다. 사실 요행을 바라지 않고 꾸준하게 실력을 쌓는 일이 외모를 바꾸는 것보다 훨씬 어렵다. 나를 냉정하게 점검하고 스스로 부족한 점을 인정하는 것보다 외모를 탓하는 게 마음이 편할 수도 있다.

그러나 세상은 반드시 전문가를 필요로 한다. 어느 분야에서 무슨 일을 하든, 자신이 가진 기술과 지식을 선한 마음으로 정확하고 올바르게 써서 세상에 도움이 되는 전문가 말이다. 이런 사람들이 있어서 세상이 지금까지 이어질 수 있었다.

내면에서 뿜어져 나오는 아름다움과 정직하게 쌓은 탄탄한 실력을 우리는 매력이라고 부른다. 성형을 고민하는 청소년들, 젊은이들에게 당신은 어떤 말을 해주고 싶은가?

〈미스 슬로운^{Miss Sloane}〉이라는 영화를 봤다. 2016년에 제작된 영화인
데, 엘리자베스 슬로운이라는 로비스트를 통해 미국 정치의 한 단면
을 엿보게 해주는 작품이다. 영화를 보는 동안 우리나라의 현재 상황
이 떠올랐고, 정치 자체에 대해서도 많은 생각을 하게 되었다.

미국은 우리나라와 달리 입법 과정에서 로비스트들이 활발하게
활동한다. 이들은 새로운 법안을 기획하는 단계에서부터 국회의원
들을 포섭할 전략을 짜고, 표를 모아 최종적으로 입법시킬 때까지 입
법과 관련된 모든 활동을 전담한다. 그래서 이들을 숨은 권력자라고
도 부른다.

영화에서는 미국에서 뜨거운 주제인 '총기 소지 규제 법안'을 놓고

한판 승부를 벌인다. 미국에서는 개인이 소유한 총기 때문에 비극적인 사건사고가 심심찮게 발생한다. 그런데 총기 소지 규제 법안 상정은 요원한 상태다. 많은 미국인들이 대책이 필요하다고 생각은 하지만 총기 소지가 법으로 금지되는 순간 자기 스스로를 지킬 방어력을 상실하게 된다는 공포감을 해소할 수 없는 것도 사실이기 때문이다. 영화에서도 해당 법안을 상정하려는 쪽이 우연히 총기를 소지하고 있던 사람 덕분에 살해 위험에서 벗어나는 장면을 보여준다. 쉽지 않은 고민이라는 것을 상기시켜주는 것이다.

어쨌거나 현재 미국에서 총기 소지 규제 법안을 지지하는 쪽은 소수파다. 그러니 늘 패배할 수밖에 없다.

영화의 주인공인 미스 슬로운은 승률 100퍼센트를 자랑하는 로비스트로 업계에서 아주 이름 높은 인물이다. 통찰력과 냉정함을 겸비한 그는 이기는 법을 정확히 알고 그대로 행동한다. 어느 날 미스 슬로운은 한 로비 회사로부터 스카우트 제의를 받는다. 이 회사는 총기 소지 규제 법안을 지지하는 쪽에 있다. 총기 소지 규제 법안은 아직 법안으로 채택될 가능성이 보이지 않고, 백전백패라는 것을 주인공은 알고 있다.

그런데 어쩐 일인지 주인공은 이 제의를 받아들인다. 그리고 일생일대의 도전을 시작한다. 그는 승소하기 위해 집요하게 일에 매달리고 그 어떤 것도 이용한다. 팀원들의 인간적인 아픔조차 예외는 아니다. 실제로 주인공의 노력은 상당한 영향력을 발휘해서 총기 소지를 찬성하는 이들의 견고한 벽에 상당한 균열을 일으킨다. 수세에 몰린 찬성파들은 어떤 공세를 취했을까? 기어이 그녀의 윤리적 결함을 찾아내 청문회를 연다. 탈탈 털린다는 표현이 정확하다. 그녀는 청문회에서 탈탈 털린다. 미국이나 한국이나 도덕성에 흠집이 나는 것만큼 자극적이고 효과적인 이슈는 없다. 그 사람의 도덕성에 흠집이 생기면 그동안 했던 모든 말과 행동이 거짓이 되기 때문이다. 그러나 미스 슬로운은 마지막까지 포기하지 않는다.

영화에서 재미있는 것은 주인공 슬로운을 영입하려 한 로비 회사 측 사람들의 반응이었다. 이들은 먼저 슬로운에게 접촉했으면서도 그녀가 수락하자 놀라워한다. 그리고 끊임없이 의심한다. 이길 거라 기대하지 않고, 여기까지 온 것도 잘했다며 스스로 만족한다. 시작하면서부터 질 것을 염두에 둔다. 패배가 습관이 되어버린 것이다. 그래서인지 승소하기 위해 최선을 다하는 주인공이 오히려 이질적이다. 이런 장면을 보는데 문득 《맹자》〈진심盡心 상〉 편의 한 구절이 떠올랐다.

"뜻을 품고 뭔가를 한다는 것은 비유하자면 우물을 파는 것과 같습니다. 10미터를 팠든 20미터를 팠든 물이 솟는 원천에까지 닿지 않았다면 그건 다 쓸모없는 짓이죠. 우물 파기는 결국 실패인 거예요."

有爲者, 辟若掘井, 掘井九軔, 而不及泉, 猶爲棄井也.

대개 사람들은 《맹자》를 읽다가 이 구절을 만나면 "정말 그래"라는 반응을 보인다. 일단 시작했으면 뿌리를 뽑아야 한다는 생각에 이의를 제기할 사람은 별로 없을 것이다.

그러나 현실에서 이런 상황에 직접 맞닥뜨리면 우리는 끊임없이 의심한다. 제대로 파기 시작한 게 맞나? 아무리 파도 물이 나오지 않는 지점을 파고 있는 거면 어쩌지? 더 파다가 시간과 노력만 낭비하는 것보다 여기서 그만두는 게 더 현명할지도 몰라.

우리는 결과가 보이지 않는, 확실한 결과를 예측하기 힘든 일을 시작하면 수원에 닿을 때까지 우물을 파는 것을 두려워한다. 개인적으로도 그렇지만 공공의 일은 더 그렇다. 과거사를 정리하거나 정의를 실현시키고자 할 때, 또는 사회 전반적으로 중요한 개혁을 이루고자 할 때 투입되는 힘과 노력은 상상을 초월한다. 그래서 외부는 물론이고 자기 안에서도 끊임없는 의심이 솟아나고 온갖 불길한 시나리오가 떠오른다. 각종 회의론이 제기되다가 절벽처럼 더 이상 물러날 수 없는 지점에 서면 개혁은 마침내 동력을 잃는다. 그러면 우물이 터지지는 않았지만 이만큼 판 것도 대단한 것 아니냐고 생각하며 스스로를 위로한다.

한 번도 이겨보지 못한 진영, 선한 의도로 모였지만 힘을 가져보지 못한 진영에서 슬로운은 낯선 존재가 된다. 회사에서는 슬로운을 먼저 영입해놓고도 끊임없이 그녀를 의심하고 그녀가 일하는 방식에 문제를 제기하며 실패를 위로할 방법을 미리 준비해둔다.

영화에서 또 한 가지 재미있었던 점은 이 잘난 주인공이 왜 되지도 않을 일에 몸을 던졌는지 주변에서 끊임없이 궁금해한다는 것이다. 어떤 사연이 있기에 우리 쪽으로 온 것인지 주변 사람들은 수군거리고 의아해한다. 마치 대단한 사연이 없다면 그 화려한 무대에 서 있던 사람이 일부러 소수 진영으로 온다는 것을 납득할 수 없다는 표정이다.

그러나 이 모든 궁금증을 비웃기라도 하듯, 영화는 슬로운이 왜 이런 선택을 했는지 끝까지 이유를 말해주지 않는다. '대단한 사연'이 왜 필요하냐는 듯이. 사연이 없으면 힘이 있는 사람은 정의를 위해 움직이는 법이 없냐는 듯이.

내가 우물을 파겠다는데 대단한 사연이 필요할까? 물이 없으면 사람이 살 수 없고, 그래서 우물을 파야 한다면 그 자체로 충분한 이유가 될 수 있지 않을까?《맹자》의 저 구절의 핵심은 나는 끝내 수원을 찾아내고야 말겠다는, 그래서 제대로 우물을 파고야 말겠다는 결심이 중요하지 내가 최선을 다해 몇 미터를 팠는지 알리는 게 아닐 것이다. 언뜻 읽으면 격려도 되고 새롭게 다짐할 수 있게 해주는 구절이지만 찬찬히 곱씹어보면 아주 냉정하고 무서운 말이라는 생각이

든다. 네가 얻은 결과를 과정으로 덮을 생각을 하지 말라는 말이기 때문이다.

결과에 방점을 찍느냐 과정에 방점을 찍느냐는 전혀 다른 결과를 가져온다. 결과를 얻으면 과정은 즐거운 추억이 되지만 결과를 얻지 못했을 때 과정은 자기변명밖에 되지 않는다. 우물을 파고 싶으면 수원에 닿을 방법을 모색해야 한다. 무식하게 파든 다른 방법을 모색하든, 우물을 만들고야 말겠다고 결심하고 일단 시작했다면 수질과 자연과 지형, 다양한 도구, 지질 등 필요한 온갖 것을 공부해야 한다. 내 목표가 수원을 찾아 진짜 우물을 파는 거라면 사람들이 옆에서 어떤 공치사를 하든, 어떤 칭찬 또는 비난을 보내든 중요하지 않다.

《맹자》〈진심 상〉 편에는 이런 구절도 있다.

"그만두면 안 되는 일을 그만두는 사람은 그만두지 못하는 게 없습니다. 후하게 대해야 할 때 박하게 대하는 사람은 박하게 대하지 않는 것이 없습니다. 맹렬하게 나아가는 사람은 물러나는 것도 아주 빠르죠."

수원을 찾아 진짜 우물다운 우물을 파기 위해 반드시 필요한 자세다. 그만두면 안 되는 걸 그만두는 사람은 그만두지 못하는 게 없고, 그런 사람은 아무것도 이룰 수 없다. 고민을 하더라도 우물을 파면서 고민해야 한다. 우물 파기를 그만두고 툭하면 비가 오지 않는다고 한

탄해봤자 아무 답도 나오지 않는다.

후하게 대해야 할 데 박하게 대한다는 말을 읽으면 가장 먼저 신뢰가 떠오른다. 우리는 종종 우리 스스로도 믿지 못하고 남도 믿지 못한다. '나를 믿어라'라고 요구할 뿐 내가 먼저 신뢰를 주고 그 신뢰를 유지하지 못한다. 내 믿음이 흔들린 것을 가지고 상대나 환경을 탓한다. 누군가를 믿는 데 후하지 못하면 함께 이룰 수 있는 것은 아무것도 없다. 맹렬하게 추구하고 맹렬하게 믿다가 맹렬하게 돌아서고 맹렬하게 지지와 신뢰를 철회한다. 그 결과, 아무것도 달성하지 못한다. 영화에서 총기 규제 법안을 상정시키려던 사람들이 안타까웠던 부분은, 이 좋은 법안을 지지하면서도 스스로의 힘을 믿지 못하고 타인의 힘과 선의도 신뢰하지 못했다는 점이다. 그들은 맹렬하게 신뢰했던 만큼 맹렬하게 신뢰를 거두어들였고 맹렬하게 의심했다.

나 개인적으로는 언젠가 총기 소지 규제 법안이 통과되리라 믿는다. 모두가 총기를 가졌을 때 지킬 수 있는 안전보다 모두가 총기를 포기할 때 누릴 안전이 훨씬 크기 때문이다. 세상은 당장은 힘 있는 사람이 유리한 방향으로 움직이는 것 같지만 거대한 역사의 흐름으로 보면 모두가 살 만한 방향으로 발전해왔다. 힘이 없는 사람이 살기 힘든 세상은 결국 힘 있는 사람도 살기 힘든 세상이 되기 때문이다.

물론 이 세상은 개개인의 끊임없는 작은 노력이 누적된 결과라는 것을 잘 안다. 다만 영화를 보면서 좋은 내일을 좀 더 일찍 만나고 싶다면 개혁과 정의와 적폐 청산을 원하는 사람들이 거시적인 안목에서 좀 더 집요해야 하지 않을까 생각했다. 아프고 절절한 사연을 가진 사람들이 소수의 목소리로 사회의 병폐를 지적하고 사회의 전환점을 향해 불을 붙이지만, 그 불이 제대로 붙은 이후에는 아프고 절절한 사연이 없어도 이 방향이 옳으니까 그 일에 동참하는 사람이 생길 것이다. 지금까지 참여하던 사람들과는 전혀 다른, 이질적인 환경에서 살던 사람들도 참여해야 비로소 그 운동이 모두의 동의를 얻었다는 의미가 되기 때문이다.

이 지난한 과정에서 우리는 서로를 믿는 데 후해야 하고, 쉽게 그만두지 말아야 하고, 맹렬한 기세를 다스릴 줄 알아야 한다. '우리가 정말로 우물을 팠어! 이제 다 함께 언제나 맑은 물을 마실 수 있어!'라고 말하는 내일이 '우물을 파기 위해 애썼으니 그걸로 만족하자'라고 말하는 내일보다 훨씬 좋지 않겠는가?

그동안 우리에게 '난민'은 낯선 단어이자 다른 나라 이야기였다. 그
래서 지금까지 난민 문제에 대해 인도주의적 입장에서 이야기하는
사람들이 많았다. 그런데 2018년 예멘을 탈출한 난민들이 제주도에
입국해 난민 신청을 하면서 마침내 난민은 우리의 이야기가 되었고,
그러자 많은 사람들이 그동안 난민 문제에 보였던 인도주의적 입장
을 바꾸기 시작했다.

왜 갑자기 입장을 바꾸는 것일까 생각해보았다. 낯설기만 하던 대
상을 직접 마주하자 그들에 대해 아무것도 모른다는 사실이 거부감
으로 다가왔고, 이들에 대한 그런 거부감이 배척과 혐오로 이어진 게
아닐까?

사실 우리나라는 아주 오랫동안 닫혀 있었다. 조선왕조 500년 내내 닫혀 있다가 약소국으로서 더 이상 버티지 못하고 억지로 타국에게 문을 열었을 때, 우리의 모든 것은 수탈의 대상이 되었다. 이후 해방이 되었지만 한국전쟁이 일어나는 바람에 우리와 타국의 관계는 그들에게서 도움을 받는 일방적 관계에 그치고 말았다. 일부러 문을 잠근 적은 없지만 굳이 외국인이 찾아올 이유가 없는 나라, 그게 대한민국이었다. 그러다가 경제가 급성장하면서 우리나라에서 살고 싶어 하는 외국인들이 점점 늘어났다. 그리고 이제, 난민 수용 문제까지 직접적으로 고민해야 하는 상황에 이른 것이다.

우리나라는 세계를 향해 두 팔 벌린 역사가 거의 없다. 교류라 해도 주로 인근 아시아 국가들과 하는 교류가 대부분이었다. 당연히 예멘은 우리 의식 속에 깨알만한 부분도 자리한 적 없는 나라였다.

하지만 지금까지 이렇게 살아왔다고 해서 앞으로도 그럴 수 있을까? 대한민국이 계속 성장하길 바란다면 이건 불가능한 바람이다. 우리가 원하든 원하지 않든 21세기는 적극적인 개방을 다각도로 고민해야 하는 시대다. 갑작스레 찾아온 낯선 방문객은 당연히 반갑고 설레기보다는 당황스럽고 불안하고 어색한 존재다. 가뜩이나 경제 상황도 어려운데 잘 알지 못하는 사람들이 대거 유입되면 혹시 우리가 사는 데 위협이 되지 않을까 날이 서는 건 당연한 반응이다.

그러나 맹자는 《맹자》〈공손추公孫丑 하〉 편에서 국가의 진정한 힘

에 대해 이렇게 말하고 있다.

"전쟁을 할 때 뭐가 제일 중요할까요? 하늘이 내 편인 것처럼 시기적으로 모든 게 딱딱 맞아 떨어지는 거? 아뇨, 그보단 지리적으로 매우 유리한 곳에 자리 잡고 견고한 요새를 갖추는 것이 훨씬 낫습니다. 그럼 유리한 지형을 차지하고 견고한 요새를 갖추고 있으면 늘 이길 수 있을까요? 아뇨, 사람들끼리 화합하지 못하면 끝장입니다. 사람들의 화합이 전쟁의 승패를 판가름합니다.

작은 성이라고 쉽게 보고 공격했는데 이기지 못하는 경우가 있지요. 포위를 풀지 않고 내내 공격하다 보면 언젠가는 하늘이 내 편을 들어주는 것처럼 시기적으로 모든 게 딱딱 맞아떨어지는 순간이 오게 마련입니다. 그런데도 못 이기잖아요? 이건 작은 성이 지형상 너무 유리한 곳에 있기 때문이에요. 이보다 더 좋을 수 없을 만큼 지형이 유리하고 견고한 요새까지 갖추었고 최첨단 무기들을 장착하고 군량도 넘치게 마련했는데, 그걸 다 포기하고 도망가야 하는 경우도 있어요. 왜일까요? 내분이 일어났기 때문입니다. 그래서 이런 말이 있죠. '국민은 국경선으로 묶어둘 수 없고, 나라는 지형의 유리함으로 지킬 수 없으며, 강력한 첨단 무기를 가지고 있다고 세계를 발밑에 둘 수 없다.'"

天時不如地利, 地利不如人和. 三里之城, 七里之郭, 環而攻之而不勝. 夫環而攻之, 必有得天時者矣. 然而不勝者, 是天時不如地利也. 城非不高也, 池非不深也, 兵革非不堅利也, 米粟非不多也, 委而去之, 是地利不如人和也.

故曰: 域民不以封疆之界, 固國不以山谿之險, 威天下不以兵革之利.

맹자가 살던 시대는 전쟁이 빈번했다. 매 30년을 기준으로 거의 60번 넘게 전쟁이 일어났고, 특히 기원전 323~314년, 그러니까《맹자》첫머리에 등장하는 양혜왕이 집권한 10년 동안은 전쟁이 무려 28번이나 발발했다. 전쟁이 1년에 세 번꼴로 일어난 것이다. 모든 나라가 군비 확장과 새로운 전술 모색에 여념이 없는 시기. 전쟁에 유리한 때를 파악하고 지형을 관찰해 승산 있는 고지를 선점하는 것이 당시 사람들이 알아야 할 모든 것이었다. 이런 환경에서 사람이 어떻게 살 수 있을까?

그런데 전쟁의 한복판에서 맹자는 인화人和, 즉 사람들간의 화합을 전쟁에서 승리하는 가장 중요한 관건으로 꼽았다. 극도로 혼란스러운 시기가 되면 대개 사람들은 자신을 지켜줄 수 있는 각종 수단을 구비하느라 급급하다. 당연히 사람도 수단이 된다. 이런 와중에 맹자는 서로가 서로를 사람으로 대우하는 힘이 마지막 순간에 자신을 지켜주는 힘이 될 것이라고 주장한 것이다.

안타깝게도 전국시대에 맹자의 사상은 받아들여지지 못했다. 좋은 말이지만 현실적이지 않다고 판단됐기 때문이다. 그러나 인화가 아닌 힘으로 천하를 통일한 진나라는 2대 만에 멸망했고, 진나라의 뒤를 이은 한나라는 표면적으로나마 힘이 아닌 덕으로 통치하는 모습을 보여줘야 했다. 사람들 사이에 신뢰가 깨지면 내분이 일어난다. 자신을 위해 나라도 팔아넘길 수 있는 사람이 가득한 곳에서 시기가 좋으면 뭐하고 땅이 이로우면 무슨 소용인가?

단, 인화라는 것이 무조건 똘똘 뭉치고 본다는 식의 개념은 아니라는 점을 말하고 싶다. 자연스러운 화합은 서로간의 존중을 바탕으로 한다. 너를 죽이고 나를 희생해 억지로 하나를 만드는 것이 아니라 누가 먼저랄 것 없는 포옹으로 하나가 되는 것이 진정한 화합이다.

우리 역사의 DNA에는 외국에 먼저 적극적으로 개방을 했던 경험이 많지 않다. 문을 연 후에는 도움을 주기보다 받는 데만 익숙했던 현대사를 가지고 있다. 그렇지만 우리는 성장과 발전을 거듭해왔고, 이제는 새로운 용기가 필요한 역사적 전환점에 서 있다. 낯선 이들을 대한민국 국민으로 끌어안겠다는 과감한 용기가 필요한 시점이다. 국민의 개념도 변화되어야 한다. 핏줄이 아니라 '내 나라는 이곳'이라는 의식이 국민이 될 자격을 결정해야 한다.

많은 사람들이 동경하는 강대국 미국을 있게 한 궁극의 힘이 멜팅 팟Melting Pot에서 기원했다는 것은 널리 알려진 사실이다. 다양하고 다채로운 배경을 가진 이들이 하나되어 소통하면서 얻은 지혜와 통찰을 스스로 '나의 나라'라고 결정한 나라를 위해 발휘할 때 그 나라는 모든 면에서 풍요로워질 수밖에 없다.

맹자는 말한다. "바른 길의 가치를 깨달은 사람에게는 진정한 조력자들이 많고 바른 길을 저버린 사람에게는 진정한 조력자가 적은 법이지요. 진정한 조력자가 줄다가 줄다가 막판에 가면 피붙이도 그를 배신해요. 진정한 조력자가 늘다가 늘다가 끝까지 가면 온 세상이 그를 믿고 따르지요. 온 세상이 믿고 따라주는 입장에서 피붙이도 배신한 사람을 공격하면 그 결과는 안 봐도 뻔합니다. 그래서 진정한 지도자는 전쟁을 할 필요도 없지만 전쟁을 하게 될 경우에는 반드시 이긴답니다."

예멘은 2014년 발발한 내전으로 인구의 절반이 기아 위기에 시달리고 있으며, 국민 300만 명이 징집과 공습을 피해 피난길에 올랐다. 그들의 조국이 그들을 버린 것이다. 그 피난민 중 561명이 새 삶을 찾아 우리나라의 문을 두드렸다.

이들의 입국은 아마도 끝이 아니라 시작일 것이다. 달라진 대한민국이 감당해야 하는 위상의 시작 말이다. 해외 여러 나라의 사례를 통해 대내적으로는 우리나라에 입국하길 희망하는 여러 외국인들의 다양한 사유에 적극 대비하고, 대외적으로는 충분한 외교 경험을 쌓아 끊임없이 증가하는 난민 문제에 적극적으로 개입하는 자세를 보여야 한다.

좀 더 넓고 깊은 시선으로 난민 문제를 바라봐도 좋지 않을까? 그들을 알기 위해 노력하고 그들의 인격과 삶을 존중할 때 대한민국은 더 다양하고 풍요로운 내일을 맞이할 수 있을 거라 생각한다.

고3이었던 어느 날, 문학 선생님이 학생들에게 이런 질문을 하셨다.

"여러분이 성인이 돼서 어떤 남자를 만났다고 해봅시다. 그 남자가 나를 무척 좋아해요. 그런데 나는 그 사람이 별로예요. 그래서 자꾸 고백을 하는데 계속 거절을 했어요. 그랬더니 어느 날 그 남자가 나를 불러 세우고 이런 말을 해요. '더 이상 귀찮게 안 할 테니 나랑 딱 한 번만 자요.' 그러면 여러분은 미쳤냐고 화를 내겠죠? 그런데 이 사람이 백만 원을 준대요. 그럼 여러분은 어떻게 할 건가요?"

"미쳤어요? 말도 안 돼요!" 우리들은 더 들을 필요도 없다는 듯 외쳤다.

"그렇죠. 이 남자가 미쳤나? 사람을 뭘로 보고! 하면서 따귀를 날

리겠죠. 그런데 이번에는 1억 원을 주겠대요. 그럼 어떻게 할 건가요?"

"……"

우리는 방금 전처럼 곧바로 '미쳤냐', '말도 안 된다'고 외치지 못했다.

"왜 미쳤다고 안 해요? 고민돼요? 1억 원을 주고라도 나랑 자고 싶을 만큼 나를 좋아한다니 뭔가 진짜 사랑 같기도 하고, 나를 그 정도로 좋아한다면 그 마음이 가치가 있는 것 같기도 하고 그래요?"

"……"

"상황은 똑같잖아요. 액수만 바뀐 거지. 선생님이 이 이야기를 하는 이유는 헷갈리지 말라는 거예요. 여러분이 곧 성인이 되면 지금까지는 상상도 못한 일을 엄청나게 겪을 거예요. 이 이야기가 지금은 우습죠? 그래도 언젠가는 이 말이 기억나는 순간이 분명 한번쯤은 다들 올 거예요."

그렇다. 나는 지금도 그때 그 수업 시간을 기억한다. 세상을 살려면 돈과 권력이 필요하고, 그걸 가지면 더 쉽게 더 높은 자리를 차지할 수 있고 더 편하게 살 수 있다. 그래서 종종 헷갈렸다. 작은 금액에는 불쑥 화를 내며 정의로운 사람처럼 굴었지만 큰돈 앞에서는 합당한 이유를 갖다 대서라도 내 것으로 만들고 싶었다.

나만 그런 게 아니었다. 세상도 똑같았다. 한 명을 죽인 사람은 살인자가 되어 교도소에서 죗값을 치렀지만 수많은 사람을 죽인 사람은 돈도 명예도 권력도 가졌다. 그런데 사람들은 이것이 이상하다고, 잘못되었다고 말하지 않았다. 그냥 '어쩔 수 없다'고들 했다. 부자이거나 능력이 있는 사람들에게는 이성도 몰렸다. 아무리 같은 값이면 다홍치마라지만 다른 값이어도 다홍치마가 우선인 듯했다.《맹자》〈고자告子 상〉 편에 보면 이런 말이 있다.

"여기 며칠 굶은 사람이 있다고 해봅시다. 그 사람은 지금 밥 한 그릇, 국 한 그릇이라도 먹어야 살 수 있어요. 아니면 곧 죽음이 덮치게 생겼습니다. 이런 상황이라고 해도 누군가 먹을 걸 주면서 쯧쯧거리고 꾸짖으면 그건 노숙인이라 해도 받지 않고, 발로 차서 주면 거지라 해도 그런 건 받을 가치가 없다고 여깁니다.

그런데 이상하죠. 억대 연봉을 주면 이게 규범에 맞는 건지 정당한 건지 묻지도 따지지도 않고 받아요. 억대 연봉 받아 뭐하게요? 부자동네 가서 기깔나게 멋진 집을 사고, 미녀들을 실컷 거느리고, 나에게 굽신거리며 내 돈 좀 어떻게 받아볼까 하는 주변의 돈 없는 사람들에게 돈 주려고요? 조금 전엔 밥 한 그릇 안 먹으면 죽을지도 모르는 상황인데도 그런 밥은 차라리 안 먹겠다고 안 받다가 이제 고작 좋은 집에 살아보겠다고 그 돈을 받고, 아까는 죽음도 불사하면서 모욕적인 밥을 안 받다가 이제는 고작 미녀들 좀 거느려보겠다고 그걸 받고, 전에는 죽는 한이 있어도 자기를 지킨다며 안 받다가 이제는 고작 자기 주변의 돈

없는 사람들에게 떵떵거리며 돈 좀 주겠다고 그걸 받네요. 이게 뭔가요…… 이런 짓 좀 그만둘 수는 없는 겁니까? 이런 걸 보고 본래의 선한 마음을 잃었다고 하는 것입니다."

一簞食一豆羹, 得之則生, 弗得則死, 嘑爾而與之, 行道之人弗受; 蹴爾而與之, 乞人不屑也. 萬鍾則不辨禮義而受之, 萬鍾於我何加焉? 爲宮室之美, 妻妾之奉, 所識窮乏者得我與? 鄕爲身, 死而不受, 今爲宮室之美, 爲之, 鄕爲身, 死而不受, 今爲妻妾之奉, 爲之, 鄕爲身, 死而不受, 今爲所識窮乏者得我而爲之, 是亦不可以已乎? 此之謂失其本心.

내가 재벌을 부러워하지 않게 된 건, 그들이 아무리 재벌이라도 나처럼 하루에 세 끼밖에 못 먹는다는 생각을 하면서부터다. 물론 그 돈이면 열 끼, 스무 끼도 먹을 순 있겠지. 그러나 그렇게 먹어봤자 병에 걸릴 뿐, 절대 누구도 매일 열 끼를 먹을 수는 없다.

결국 인간이라면 매일 먹을 수 있는 음식 양과 필요로 하는 열량은 비슷하다. 어쩔 수 없다. 직원들을 학대하고, 환경을 오염시키고, 소비자를 속여서 벌어들인 돈으로 할 수 있는 일이란 따지고 보면 그리 많지 않다. 밥도 내 맘대로 양껏 먹지 못한다. 쌤통이다.

조금 부족하게 살 때는 돈만 많으면 뭐든지 할 수 있을 것 같지만, 인간의 삶에는 인간으로서의 한계가 따르는 법이다. 막상 돈이 생겨도 처음 잠깐만 좋을 뿐, 생각만큼 인생이 180도로 달라지지 않는다.

부자라고 수명이 기하급수적으로 느는 것도 아니고, 위를 어마어마하게 늘릴 수 있는 것도 아니고, 하루 10분만 자도 충분한 것이 아니다. 심지어 지능과 지식이 늘지도 않는다.

이런 생각을 하게 되자 보통 사람들보다 더 누릴 수 있는 게 그리 많지도 않으면서 온 세상을 들쑤시고 다니는 일부 재벌과 권력자들이 좀 어이없어졌다. 어쩌면 그들도 자신들의 한계를 알기 때문에 그에 대한 화풀이로 덜 가진 자를 괴롭히는 건지 모르겠다는 생각마저 들었다.

가난한 사람의 배고픔도 하루 세 끼 안에서 해결된다. 내가 네 끼를 먹을 여유가 있다면 두 끼 혹은 한 끼만 먹는 사람에게 나의 한 끼를 내주어 둘 다 행복해질 수 있다. 내가 다섯 끼, 여섯 끼, 열 끼, 스무 끼를 먹을 수 있는 사람이라면 더불어 행복해질 수 있는 사람의 수도 훨씬 많아진다. 우리가 인간임을 잊지 않고 포기하지 않으면, 함께 밥을 먹으며 더불어 웃을 수 있는 시간도 그만큼 많아진다. 통장 잔고에 0이 좀 더 붙어봤자 얄팍한 숫자 놀음에 불과하다. 그걸 가져서 뭘 얼마나 많이 하겠다고? 잘 계산해보면 내 품격을 지키고 남의 품격을 지켜주며 사는 것이 제일 남는 장사가 아닐까 싶다. 나는 그때도, 지금도, 앞으로도 이렇게 생각할 것이다.

영화 〈기생충〉이 칸영화제에서 무려 황금종려상을 받으며 엄청난 기세로 극장가를 휩쓸기 불과 얼마 전까지만 해도, 극장가의 끝판왕 은 영화 〈어벤져스: 엔드게임〉이었다. 어벤져스 자체가 시리즈물인 데다 특히 〈엔드게임〉은 바로 이전 시리즈인 〈인피니티 워〉와 하나 로 이어져 있어서 온라인에서는 스포일러 금지 운동까지 펼쳐지는 지경이었다. 개봉하자마자 관람하고 나서 입이 근질거리는 사람과 아직 보지 못한 상태에서 혹시 결말을 알게 될까 봐 전전긍긍하는 사 람들이 벌이는 해프닝이 적지 않았다.

　개인적으로 결말을 미리 알아도 영화를 보는 데 전혀 영향을 받지 않는 편이지만, 하도 세상이 들썩이니 나도 대세에 합류해야 한다는 압박감 때문에 개봉 사흘 만에 영화를 보았다. 영화는 장황하고 길었으며 화려하고 소박했다. 물론 재미도 있었다. 그런데 영화를 보고 나오면서 처음 들었던 생각은 '미국이 과연 민주주의 국가가 맞나?' 하는 것이었다.

영화는 처음부터 끝까지 영웅의 이야기였다. 지구로는 부족해 우주에서까지 펼쳐진 생명과 존재의 사투를 다룬 영화에서, 치열하게 고민하고 헌신적으로 참여하는 모든 순간은 오로지 영웅들의 몫이었다. 평범한 이들은 영화에서 도무지 보이지 않았다. 〈어벤져스〉 시리즈뿐 아니라 할리우드 영화는 유독 영웅을 사랑한다. 지구와 세계를 구하고 평범한 이들의 삶을 지키는 일을 모두 영웅이 해낸다. 민주주의의 최전방에 서 있다고 자부하는 나라에서 끊임없이 영웅을 탄생시키는 현상이 나에게는 아무래도 모순으로 느껴졌다. 민주주의는 평범한 개인이 나라의 주인이라는 점을 핵심으로 하는 정치 체제이기 때문이다.

민주^{民主}까지는 가지 못했지만 민본^{民本}을 이야기한 맹자도 결국 지도자를 세우는 존재는 백성이라고 말했다. 《맹자》 〈공손추 하〉 편에 지도자의 권위는 어떻게 부여되는 것인지에 대해 맹자가 제자인 만장과 대화를 나누는 장면이 나온다. 요임금이 순임금에게 천하를 물려준 일에 대해 만장은 개인의 권위로 지도자의 자리를 물려줄 수 있는 거냐고 묻는다. 맹자가 지도자의 권위는 하늘이 부여하는 것이라고 말하자 만장이 다시 묻는다. "하늘이 '내가 그대에게 천하를 주겠노라'고 자세히 설명해주고 나라를 다스리라고 명하는 건가요?"

그러자 맹자는 이렇게 답했다.

"일단 제사를 주관하게 하지. 그래서 모든 신이 그 제사를 흠향한다면 하늘이 그를 받아들인 것이라네. 그리고 국정 현안들을 맡기지. 그의 주도하에 그 일들이 잘 처리되어 백성들의 삶이 안정되면 백성들이 그를 받아들인 거라네. 하늘이 그 자리를 주고, 백성들이 그 자리를 주는 것이니 천자가 자기 마음대로 천하를 다른 사람에게 줄 수 없다고 말하는 것일세."

使之主祭, 而百神享之, 是天受之. 使之主事, 而事治, 百姓安之, 是民受之也. 天與之, 人與之. 故曰: 天子不能以天下與人.

결국 판단은 백성이 한다는 것이다. 지도자가 지도자가 될 수 있는 것은 어떤 힘 있는 존재가 그를 세웠기 때문이 아니고, 지도자 스스로 능력이 있다고 자부하기 때문도 아니며, 다만 백성이 그가 일하는 모습을 오래 지켜보고 받아들인 덕분이다. 지도자 자리는 그렇게 지켜지고 권위가 주어진다는 것이 맹자의 주장이다. 만약 백성이 거부하면 왕이 주인인 세상에서도 그는 더 이상 왕 노릇을 할 수 없게 된다. 맹자는 "나라에서 국민이 가장 귀하고, 나라의 정통성이 그다음이고, 지도자는 가장 덜 중요한 존재"라고 했다. 지도자든 장관, 차관급 인사든 나라의 체제에 위해를 가했다면 그 사람은 교체되어야 하고, 나라의 정통성을 유지하기 위해 각종 형식과 틀을 다 지켰는데도 나라가 정치적, 경제적으로 계속 쇠약해져서 국민들의 불만이 높아지면 분명 쇄신이 요구되는 시기가 온 것이다. 심지어 나라의 정통성 자체를 허물어 새로운 나라를 세울 수도 있지만, 그 땅에서 태어나고 자란 국민만큼은 바꿀 수도 없고 그 무엇으로도 대체할 수 없다.

이러한 점은 누구보다 국민 스스로가 잘 알고 있다. 그것도 아주 본능적으로. 생존에 대한 본능은 어떤 위험도 감지하기 때문이다. 국민은 위험이 감지되면 자기 생명을 지키기 위해, 삶의 터전을 지키기 위해 들고일어나게 되어 있다.

우리나라도 마찬가지다. 아주 오랜 시간 동안 스스로 이 힘을 길러 온 평범한 국민에 의해 대한민국에 민주주의가 실현되었다. 지구가 혹은 우주가 위험에 빠지면 능력 있는 영웅 한 명이 아니라 평범한 국민 모두가 일어난다. 너무 늦기 전에 공적 가치를 지키기 위한 행동에 참여할 것을 독려하는 것이 민주주의 교육일 것이다. 아무리 오락 영화라지만 온갖 파생 상품이 만들어져 불티나게 팔릴 정도로 인기 있는 영화에서 왜 평범함은 전혀 눈에 띄지 않는 걸까? 영웅이 문제를 해결해주는 구도는 평범한 이들을 무력하게 만들고, 무력해도 괜찮다고 받아들이게 만든다. 인기 있는 오락 영화에 영웅이 늘어간다는 건 나라가 그만큼 혼란스럽다는 사실을 반증하는 것인지도 모르겠다.

그렇다면 해답은 더 다양하고 참신한 영웅 캐릭터 늘리기가 아니라 오히려 영웅 해체에 있지 않을까? 평범한 '나'가 '우리'를 위해 움직이지 않는다면 다양한 목소리로 해답을 찾아가는 민주주의는 무너지고 말 테니 말이다.

드라마 〈60일, 지정생존자〉를 본방 사수했다. 2016년 방영된 미국 드라마 〈지정생존자〉를 원작으로 했다기에 원작도 챙겨 보았다. 워낙 인기가 많았던 드라마여서인지 드라마 시청자 단톡방에 가보니 두 작품을 비교하며 본 사람이 상당히 많은 듯했다.

개인적으로는 두 작품을 비교했을 때 〈60일, 지정생존자〉가 주인공의 성격을 더 잘 설정한 것 같다. 원작의 주인공보다는 한국 드라마의 주인공이 훨씬 더 조심스럽고 더 많이 망설이며 결단이 느린데, 이 점이 매우 마음에 든다. 대한민국의 현실에서는 이렇게 많이 주저하는 것이 맞다.

이 드라마가 방영되기 바로 전날 공교롭게도 판문점에서 북미 정상이 만나는 역사적인 사건이 있었다. 트럼프 미국 대통령은 역사상 최초로 북한 땅을 밟은 미국 대통령이 되었다. 한국과 북한과 미국의 정상이 판문점에서, 그것도 모두 방탄복마저 벗은 채 웃으며 악수를 하고 대화를 나누는 모습은 그야말로 충격이었다. 이런 날이 있구나…… 이런 날이 오기도 하는구나……! 상상조차 할 수 없었던, 그래서 실존하는지조차 의심스러웠던 '평화'라는 가치가 한순간 아주 희미하게 손끝 어디쯤을 스치고 지나가는 기분이었다. 남녀노소 모두 이 갑작스럽고도 놀라운 풍경에 홀린 듯 텔레비전을 보며 세 정상의 모습을 눈에 담았다. 그리고 다음 날 〈60일, 지정생존자〉에서 국회의사당이 펑! 하고 무너졌다.

우리는 공격 앞에서 완전히 위축되고 움츠러든다. 위축은 너무도 자연스러운 반응이다. 대한민국은 이념으로 대립하고 있는 지구상 마지막 분단국가이기 때문이다. 큰 사건이 터지면 남한과 북한 모두 서로를 가장 먼저 의심한다. 우리는 1950년 발발한 한국전쟁을 아직까지 끝내지 못했다. 지금까지도 분단은 종전이 아닌 정전 상태이고, 그래서 휴전 이후 지금까지 서로 다가가려는 노력보다는 서로의 상처에 시시때때로 자극을 가하는 데 더 열심이었다. 같은 나라에 살았던 같은 민족으로서 서로에게 받은 상처가 너무 큰 나머지 이제 더는 상대를 믿을 수 없게 되었다.

이 상태로 70여 년이 흘렀다. 평화 통일을 해야 한다고 나라도 학교도 사회도 쉬지 않고 주장하지만, '평화'도 알겠고 '통일'도 알겠는데 '평화롭게 하는 통일'은 도무지 알 수가 없다. 남북간 교류가 시작될 때마다 우리는 상대의 저의를 의심하느라 바빴으니까. 혹시 이게 평화로운 통일로 가는 길일까 싶은, 최근 있었던 아주 작은 발걸음 하나에도 한없이 조심스럽기만 하다.

솔직히 〈60일, 지정생존자〉 속 상황은 상상하기도 싫다. 이런 일이 발생한다면 우리는 다시 붉은 광풍에 휩싸일지 모른다. 평화를 말하는 사람은 그 순간 '빨갱이'로 몰려 또다시 마녀사냥을 당할지도 모른다. 대한민국 통치자는 본토가 전장이 되어본 적이 없는 미합중국의 대통령보다 당연히 주저해야 하고 두려워해야 하고 망설여야 한다. 힘의 싸움이 아니라 얇은 얼음을 밟고 있는 듯한 두려움 속에서, 그래도 신뢰를 잃지 않으려는 평화의 사투를 벌여야 하기 때문이다. 그리고 그 사투가 결국엔 옳은 선택이었음을 결과로 인정받아야 하기 때문이다.

이제 우리는 돌이킬 수 없는 길 앞에 서 있다. 과거에는 몇몇 소수가 평화로운 사회를 만들기 위해 노력했다면 이제는 우리 모두 평화를 선택하고 책임질 준비를 해야 하는 시점이다. 새로운 길을 선택해야 하는 시점에서 공자의 한마디를 떠올려본다.

"사람이 길을 넓혀가는 거지, 길이 사람을 넓히는 게 아닙니다."

人能弘道, 非道弘人."

《논어》〈위령공〉 편에 나오는 말이다. 우리는 대체로 길에 의존해서 걷는다. 옳은 길, 맞는 길을 선택했다면 그걸로 다 되었다고 믿는 경우가 많다. 제대로 길을 선택했다면 그 뒤로는 이 길이 나를 원하는 목적지까지 데려다줄 거라 생각하기 때문이다. 그러나 공자는 말한다. 길을 선택하는 것도 인간의 몫이지만 선택한 길을 닦는 것도, 넓히는 것도 모두 인간의 몫이라고. 옳은 길을 선택하는 것도 대단한 일이지만 선택은 어디까지나 시작일 뿐 끝이 아니다. 공자의 뒤를 이어 맹자는 《맹자》〈진심 하〉 편에서 이런 말을 했다.

"산속에 난 오솔길을 보게. 그런 길도 사람들이 한동안 그리로만 다니면 넓은 길이 된다네. 그러나 또 한동안 사용하지 않으면 금세 잡초가 자라 길을 막아버리지."

山徑之蹊間, 介然用之而成路. 爲間不用, 則茅塞之矣.

우리가 도달하고자 하는 평화 통일은 끈질긴 노력과 불굴의 용기로만 다다를 수 있는 목적지다. 그 길에 한걸음을 내딛었다는 사실만으로는 목적지에 도착할 수 없다. 숱한 유혹과 불안이 우리를 기다렸다는 듯 시험할 것이다.

이미 걸었던 길도 더 이상 가지 않으면 금방 잡초로 뒤덮여 이곳이 길이었는지조차 잊어버리게 된다. 길이 우리를 안내하는 것이 아니라 우리가 길을 넓혀가야 한다. 평화 통일을 향한 사투가 이제 시작되었다. 부디 이 길을 끝까지 잘 걸어 평화 통일이라는 마침표를 찍을 수 있기를.

우연히 〈쌉니다 천리마마트〉라는 드라마를 보았는데 무척 신선했다. 원작이 웹툰이라는데 아직 웹툰은 보지 못했다.

매우 창의적인 방식으로 실적을 내는 마트를 다룬 이 드라마의 시작은 그리 유쾌하지 못하다. 이곳에 부임한 사장은 모기업의 차기 사장 후보 1순위로 거론되다가 갑자기 좌천된 인물로 변두리에 있는, 언제 망할지 모르는 천리마마트로 발령받는다.

천리마마트는 기업의 골칫덩이였다. 복수심에 불탄 사장은 이 마트를 완전한 핵폭탄으로 만들어 모기업의 본진에 떨어뜨리기로 마음먹고 온갖 수단을 동원해 마트를 자연스럽게 망하게 할 계획을 세운다. 그런데 결과는?

천리마마트는 직원 채용부터 남다르다. 그는 다른 어떤 마트에서
도 불합격할 사람들을 죄다 직원으로 채용한다. 심지어 듣지도 보지
도 못한 빠야섬에서 코리안 드림을 안고 온 빠야족 열 명 전원도 정
직원으로 채용한다. 마트에 불만을 호소하러 온 건달도, 은행에서 구
조조정으로 밀려나 대리기사로 일하다 그마저도 못하게 된 안타까
운 어느 가장도, 록그룹 메인 보컬로 활동하다가 자리를 잡지 못한
채 가장이 된 무명 가수도, 사법고시에 무려 10년이나 낙방해 엄마
는 집을 나갔고 이제는 고시 제도마저 폐지돼 낙담하다가 교통사고
로 목숨을 잃은 아버지의 어린 딸도 정직원으로 채용한다. 이런 오
합지졸이 또 있을까? 그 와중에 직원들의 유니폼은 곤룡포로 마련한
다. 고객상담센터는 왕의 집무실처럼 꾸민다. '손님은 왕'이라는 기
존 유통업계의 개념에 정면으로 도전하는 모습이다.

그런데 이때부터 천리마마트의 기이한 부활이 시작된다. 경영 시
스템에 맞춰 사원들에게 친절한 태도와 판매 노하우를 교육시키고
매장에 보내는 대신 원래 모습 그대로 자신감을 갖고 일하게 하자,
직원들이 마트에 애정을 갖게 된 것이다. 다들 판매의 달인인 양 시
키지 않아도 각자의 재능을 발휘하기 시작한다.

지금보다 사회 분위기며 노동 환경이 더 경직되고 딱딱했던 시기
에 드라마 〈송곳〉이 노동문제를 다루어 우리 사회에 신선한 충격을
던진 바 있다. 이 작품도 웹툰을 드라마로 제작한 것인데 두 작품 모

두 노동문제를 소재로 다루었지만 분위기는 완전히 다르다. 두 드라마를 비교해보며 우리나라의 전반적인 분위기가 얼마나 달라졌는지 새삼 느꼈다. 이 드라마를 보는 동안《논어》〈자로子路〉편에 등장하는 '화이부동和而不同'의 가능성에 대해 다시 한번 생각해보았다.

"제대로 배운 지성인은 차이 속에서도 조화를 이루지만 차이가 없이 마냥 똑같아지는 방향으로는 가지 않습니다. 그러나 생각이 짧은 사람들은 똑같아지려고 하지 차이 속에서 조화를 이루려 하지 않죠."
子曰, 君子和而不同, 小人同而不和.

다름은 틀린 것이 아니라 말 그대로 다른 것이다. 그래서 존중받아야 한다. 다름을 틀림으로 규정하고 내 마음대로 깎고 조여 똑같게 만들 방법을 고민할 것이 아니라 어떻게 조화를 이룰지 고민해야 한다. 물론 다른 것은 낯설고 어색하다. 낯선 것에는 익숙해지는 시간이 필요하고, 그 시간이 반복되면 낭비처럼 느껴지는 게 사실이다. 그래서 자본이 중요한 시장에서는 최대한 낯선 것을 제거하려 한다. 제품을 만들 때도 약간의 다양성만 줄 뿐, 저마다의 취향과 다양성은 가급적 배제한다.

다양함은 곧 가능성이다. 공자의 이 말을 잘못 이해한 조선 사회가 사람들을 신분으로 구분하고 통치하려 했을 때 허균은 유재론遺才論을 통해 인재가 등용되지 못하는 현실을 한탄했다.

"하늘이 사람을 낼 때는 귀한 집 자녀라고 풍성하게 주고 천한 집 자녀라고 인색하게 주지 않는다. 어진 임금은 이런 점을 알고 더러 초야에서도 인재를 구하고 더러는 항복한 오랑캐 장수 중에서도 뽑았으며, 도둑 중에서도 끌어올리고 창고지기를 등용하기도 했다. 이들은 다 알맞은 자리에 등용되어 한껏 재능을 펼쳤다. (…) 하늘은 재주를 고르게 주는데 이것을 명문 집안과 과거科擧로 제한하니 늘 인재가 모자라 걱정하는 것이 당연하다. 동서고금에 첩이 낳은 아들의 재주를 쓰지 않는다는 말은 듣지 못했다. (…) 길을 스스로 막고서 '우리나라에는 인재가 없다'고 탄식한다. 참으로 이웃 나라가 알까 두렵다."

천리마마트의 성공은 다름을 인정하는 데서 비롯됐다. 우리나라 사람인지 아닌지, 학벌이 좋은지 아닌지, 이력이 일반적인지 대단한지 상관하지 않고 그 사람을 있는 그대로 보려는 노력이 마트를 살렸다. 천리마마트를 보는 시간은 그래서 즐거웠다. 보잘것없는 나도 얼마든지 받아들여지는 기분이 들었기 때문이다.

천리마마트가 단지 드라마에만 존재하는 설정된 공간이 아니길, 올해는 우리 사회 곳곳에서 다름을 인정하는 기분 좋은 부활이 시작되길 설레는 마음으로 기대해본다.

4장

정의를
고민하다

선한 시민이 되고 싶어서

요즘 먹방, 쿡방이 대세다. 맛집을 찾아다니는 것이 전 국민의 취미
가 되었다고 해도 과언이 아니고, 요리를 잘하는 것이 큰 매력으로
다가와 요섹남, 요섹녀(요섹: 요리하는 섹시한)라는 유행어도 생겼다.
먹방, 쿡방만큼 여행도 유행이어서 국내 곳곳, 세계 각지를 돌아다니
는 프로그램을 많이 볼 수 있는데, 가만 보면 이 프로그램의 목적이
여행지 소개인지 현지 음식 소개인지 헷갈릴 정도로 현지의 유명한
식당을 찾아 음식을 먹는 장면이 많이 나온다. 분위기가 이렇다 보니
나도 알게 모르게 휩쓸린다. 저기 한번 가볼까? 저 음식 정말 맛있을
까? 나도 한번 먹어볼까?

식욕은 인간의 중요한 본능이다. 생명과 직결되기 때문이다. 맛있는 음식을 먹는 즐거움도 무시할 수 없다. 맛있는 음식은 근심 걱정을 사라지게 한다. 맛있는 음식은 뻣뻣하게 굳어 있던 몸과 마음의 긴장을 한순간에 풀어준다.

음식은 또한 추억을 불러일으킨다. 세상에는 맛이 아니라 추억으로 먹는 음식이 있다. 한입 가득 넣고 씹으면 가라앉아 있던 기억이 온통 헤집어진다. 사람이 가진 여러 재주 중에 제일 유용한 재주는 음식을 맛있게 만드는 재주가 아닐까 싶다. 전쟁이 나도 먹고살아야 하는 법, 어떤 위태로운 상황에서도 요리에 소질이 있는 사람들은 살 길이 생긴다. 저마다 입맛이 제각각이라 해도 보편의 입맛은 반드시 있게 마련이다. 예를 들면 '간이 맞다, 안 맞다' 같은 부분. '간'에 대한 보편의 입맛이 없으면 오늘날의 먹방, 쿡방도 없겠지.

재미있는 것은, 무려 수천 년 전에도 맹자가 이 보편의 입맛에 동의했다는 점이다.《맹자孟子》〈고자告子 상〉 편에 보면 이런 내용이 등장한다.

"맛있다는 음식은 대체로 모두가 맛있다고 느끼죠. 유명한 요리사들, 그러니까 잘나가는 셰프들이 있잖아요. 그 사람들은 대중적인 입맛을 정확하게 알죠. 만약 개와 말의 입맛이 우리와 다른 것만큼 사람들 입맛이 전부 다르다면 세상에 어떻게 최고의 셰프라는 이들이 존재할 수 있겠어요? 그 많은 사람들이 그 셰프의 식당에 굳이 힘들게 예약을 하고서라도 꼭 먹어보려 하는 것은 사람들 입맛이 서로 비슷하기 때문이죠."

口之於味, 有同耆也, 易牙先極我口之所耆者也. 如使口之於味也, 其性, 與
人殊, 若犬馬之於我不同類也, 則天下何耆, 皆從易牙之於味也. 至於味, 天
下期於易牙, 是天下之口相似也.

그렇다면, 맛있는 음식을 추구하는 것은 인간의 보편이니 마치 먹기 위해 살아가는 듯한 오늘날의 분위기도, 거기에 휩쓸리는 나의 생활 패턴도 괜찮다고 할 수 있을까? 맹자가 맹자인 이유는 입맛의 보편성을 통해 사람의 본성이 제각각이 아님을 연상할 수 있었기 때문이다. 그는 입맛에도 보편이 있듯 사람이라면 누구나 정의로운 것, 선한 것, 이치에 맞는 것이 무엇인지 아는 마음이 있다는 주장으로 생각을 확장했다. 우리는 흔히 영웅이나 성인이 특별한 감각을 가지고 태어나며 일반인과는 다른 특별한 존재라고 생각하지만 맹자는 그렇지 않다고, 누구나 무엇이 선하고 무엇이 의로운지 지각할 수 있다고, 누구나 가지고 있는 보편적인 입맛과 오감을 통해 말하고 싶어했다. 즉 '절대'는 없지만 '보편'은 있다는 것이다.

맛있다고 소문난 식당을 찾아다니거나 유명 셰프의 요리를 먹으려고 예약을 하거나 요리를 배우려고 시간을 내고 있다면, 정의와 선을 위해서도 그렇게 노력하고 있는지 돌아보아야 한다. 그렇지 않고 다만 음식만 밝힌다면, 그것은 마음을 내팽개쳐두고 입맛만 받들고 있을 뿐이다. 맹자는 〈고자 상〉 편에서 그렇게 사는 사람을 천박하다고 말하고 있다.

> "먹고 마시는 데만 몰두하는 사람을 사람들은 천박하게 여겨요. 그가 작고 사소한 것은 살피고 돌볼 줄 알면서 정작 크고 중요한 것은 잊고 있기 때문입니다."
>
> 孟子曰, 飮食之人 則人賤之矣 爲其養小以失大也.

어떤 사람에게는 이러한 주장이 너무 유난스럽고 딱딱한, 소위 '진 지충'의 말처럼 느껴질지도 모르겠다. 그러나 인생을 살면서 한번쯤 은 먹고 마시는 데만 몰두하는 음식지인飮食之人으로만 살고 있지는 않 은지 자신을 객관적으로 살펴볼 필요도 있다.

식욕이 별거 아닌 것 같지만 '맛'에 눈뜨게 되면 삶이 온통 맛에 끌 려다니는 경우가 적지 않다. 온종일 특정 음식만 생각나서 일이 손에 잡히지 않을 때도 있고, 오직 그 음식을 먹기 위해 아무리 먼 거리도 도로에, 혹은 하늘에 기름을 뿌려가며 기어이 찾아가기도 한다. 심지 어 예약이 안 되면 얼마를 기다려도 상관없다며 그 많은 불편을 모두 감수하지 않는가? 단순한 취미나 즐거움이라고 치부하기엔 너무 많 은 시간과 돈을 들이고 있을지도 모른다.

사람의 시야에는 한계가 있고, 에너지도 마찬가지다. 무언가에 지 나치게 몰두한다면 필연적으로 다른 것에 소홀해질 수밖에 없다. 맹자는 지나치게 식도락을 즐기는 왕에게 날카로운 비판을 서슴지 않았다. 〈양혜왕梁惠王 상〉 편에 나오는 내용이다.

"왕의 식탁에는 끼니마다 살이 잘 오른 고기가 올라오고, 당신의 마굿간에는 윤기 흐르는 말이 가득한데, 백성들은 굶주려서 얼굴은 누렇게 뜨고 눈은 퀭하기 그지없으며, 성 밖 교외에는 굶어죽은 시체가 뒹굴고 있습니다…… 그렇다면 이것은 짐승에게 사람을 먹여 기른 것입니다."

有肥肉 廐有肥馬 民有飢色 野有餓莩 此率獸而食人也

맹자의 이 말은 통쾌하다. 단, 나를 약자이자 피지배자라고 설정할 때 그렇다. 그러나 우리가 더 이상 제국의 피지배자가 아니라는 사실을 떠올리면 누구도 맹자의 지적에서 자유롭지 못하다.

우리는 세상이 우리가 설계하는 대로 변화한다는 것을 아는 시대를 살고 있다. 멀쩡한 음식을 쓰레기로 버리면서까지 먹방, 쿡방, 맛집 탐방에 열을 올린다면, 끔찍한 기아로 절망하는 이웃 나라가 안타깝긴 하지만 우리가 도울 수 없는 곳이라고 말한다면, 그렇게 말하면서도 나는 식도락 여행을 즐길 뿐 그들을 위해 내 식비를 조금도 줄이거나 나눌 생각을 하지 못한다면, 우리도 맹자의 말에서 자유롭지 못한 것이다.

먹는 즐거움은 물론 큰 행복이지만 마냥 누리기만 해도 되는 건 아니다. 지켜야 할 적정선도 있고 아울러 고려해보아야 하는 타인의 삶도 있다. 사회가 주는 스트레스를 먹는 행위로 풀고 다이어트를 한다고 또 돈과 음식을 소비하기보다 반드시 섭취해야 하는 음식도 얻지 못하는 세상의 서럽고 아픈 불평등을 변화시키기 위해 에너지를 쏟는 것이 더 합리적이지 않을까? 이것이야말로 맹자가 말한 '크고 중요한 것을 바라보는 눈을, 작고 사소한 것을 통해 얻는' 자세일 것이다. '작고 사소한 것을 갖느라 크고 중요한 것을 잃는' 것이 아니라.

사법부가 시끄럽다. 지금까지도 석연찮은 구석이 많았지만 최근 몇 년 동안 터져나온 실상을 보고 있으면 국민의 한 사람으로서 놀라운 정도를 넘어 자괴감까지 든다. 이 나라가 지금까지 기능해온 것이 신기할 정도다. 나를 건드리는 자는 누구든 응징하겠다는 저들의 자세를 보면 이 나라가 법치민주주의 국가가 맞나 싶다. 뼛속까지 새겨진 특권의식과 국민을 우습게 아는 저 자세를 어디서부터 고쳐 나가야 할지.

어떤 나라도 법이 망가지면 개혁과 정화가 불가능해진다. 책임자들이 그 무슨 부정을 저질러도 그들을 법정에 세우기가 어려워지기 때문이다. 그래서 기득권 세력은 어떻게든 지금껏 자기들에게 유리하게 기능해왔던 법 체제를 놓지 않으려 몸부림을 친다. 대화와 토론으로 입장 차이를 좁히는 대신 "법대로 하자", "내용증명을 보내겠다", "고소하겠다" 같은 말이 보편화되면서 우리 사회가 자꾸 사법만 능주의로 가는 게 아닌가 하는 우려가 나오는 마당인데, 이런 상황에서 망가진 사법부를 보는 것은 매우 걱정스럽고 씁쓸한 일이다.

이쯤에서 사마천司馬遷의 《사기史記》 〈순리열전循吏列傳〉 편을 읽어보는 것도 좋겠다. 순리란 법을 근본으로 삼아 나라를 다스리는 관리를 말하고, 〈순리열전〉은 이들을 기록한 인물전이다. 다른 말로 청관淸官이라고도 한다. 사마천은 나라를 다스림에 있어 법과 형벌을 매우 중요하게 여겼는데, 결국 법과 형벌도 사람이 적용하는 것이니 관리의 태도에 따라 제대로 기능할 수도, 망가질 수도 있다고 보았다. 그래서 사마천은 순리의 역할을 강조했다. 사마천은 〈순리열전〉을 다음과 같은 서언으로 열었다.

"법령과 형벌이 완비되어 있지 않아도 사람들이 두려워하며 자기 자신을 단속하는 것은 관리가 법을 혼란스럽게 운용한 적이 없기 때문이다. 직무를 순리대로 수행하면 잘 다스릴 수 있으니 무엇하러 굳이 위엄을 내세우겠는가?"

文武不備, 良民懼然身修者, 官未曾亂也. 奉職循理, 亦可以爲治, 何必威嚴哉?

법이 문제가 아니라 그것을 집행하는 관리가 문제라는 것이다. 모든 이론과 일이 마찬가지지만 법도 해석이 중요하다. 우리나라 사법부가 혼란스러운 이유는 법 조항이 제대로 갖춰지지 않아서가 아니다. 법을 공정하게 집행해야 할 법 공무원들이 해석과 적용을 제멋대로 하기 때문이다. 법을 가지고 국민에게 봉사하라고 자리를 주었더니, 국민 위에 군림하기 때문에 문제인 것이다.

잘못된 법 집행은 한 사람의 인생을 완전히 망가뜨릴 수 있기 때문에 대단히 조심스럽게 접근하고 신중하게 수사해야 한다. 판결이 확정됐어도 '이 재판에 오류가 없었는지' 몇 번이고 곱씹어보아야 한다. 특히 형사 사건은 한 사람의 인생이 걸려 있는 만큼 신중에 신중을 기해야 한다. 기소 후에도 기소에 대해 감찰하고, 잘못 기소하고 수사한 검사들은 엄격하게 처벌해야 한다.

그런데 오늘날 대한민국 전체를 시끄럽게 만들고 있는 이 문제를, 이미 2,600년 전 진나라에서 실행한 법 공무원이 있었다. 이리李離라는 옥관獄官이 바로 그 주인공이다. 옥관은 오늘날의 사법관에 해당한다.

그는 판결을 잘못 내려 죽지 말아야 할 사람을 죽인 일이 있었다. 자신의 잘못을 알게 된 이리는 스스로를 투옥하고 자신에게 사형을 선고했다. 진문공은 그를 만류하며 하급 관리가 정보를 잘못 수집해서 왜곡된 판결을 내린 것인데 당신처럼 높은 지위에 있는 사람이 이렇게까지 중대한 처벌을 받을 이유가 없다고 설득했다. 그러나 이리는 정색했다.

"저는 사법부의 장으로 있은 지 오래되었습니다만 그동안 하급 관리에게 자리를 양보한 적이 없습니다. 많은 봉급을 하급 관리에게 나누어준 일도 없습니다. 그런데 지금 판결을 잘못 내려 사람을 죽게 하고서는 이 잘못을 하급 관리에게 떠넘긴다고요? 이런 일은 제 사전에 들어본 적이 없습니다."

이에 진문공이 다시 말했다. "그럼 그대의 상급자는 왕인 나이니, 과인에게도 죄가 있소." 진문공의 말에 이리가 대답했다. "사법관에게는 지켜야 할 법이 있습니다. 형벌을 잘못 내렸으면 자신이 그 형벌을 받아야 하며, 사형을 잘못 집행했으면 자신이 사형당해야 합니다. 임금께서는 제가 얼마나 어려운 사건이든 드러나지 않은 부분까지 살피고 제대로 심리해 판결할 거라 기대하고 저를 법관으로 임명하셨습니다. 그런데 지금 정보를 잘못 듣고 잘못 판단해서 애먼 사람을 죽였으니, 제가 죽는 것이 당연합니다." 결국 그는 스스로 목숨을 끊었다.

사마천은 이리의 이러한 자세 덕분에 진나라의 법이 바로 설 수 있었다고 말한다. 이리는 무서울 정도로 스스로에게 엄격했다. 자신의 판결에 이렇게까지 책임을 져야 한다고 말한다면 과연 법조인이 되겠다는 사람이 우리나라에 몇이나 될까? 자신의 자리가 가진 권한

뿐 아니라 의무에도 이렇게 철저하다면, 권력을 누리려고 아무개 라인을 만들고 줄타기를 하는 사람들이 몇이나 될까?

법은 분명 공정한 사회를 위해, 질서 있는 사회를 위해, 정의로운 사회를 위해 만들어진 것인데 어쩐지 시간이 흐를수록 '내가 하면 로맨스 남이 하면 불륜'이 되어간다는 느낌이다. 법을 관리하겠다고 전문가 집단을 만들어 돈과 권력으로 그 권한을 남발하고, 법을 잘 알지 못하는 평범한 사람들은 걸려들게 하는 그물로 법을 쓴다면, 우리나라는 더 이상 법치 국가라 할 수 없다.

나라에서 어떤 위치를 주었다는 건 국민과 사회를 위해 일하라는 뜻이지 그 위치에서 부정부패를 일삼으며 자기 재산을 모으거나 힘을 행사하라는 의미가 아니다. 정교하고 체계적인 시스템도 중요하지만 결국 시스템을 운용하는 주체는 인간이라는 점을 잊어서는 안된다. 이리의 강직한 성품이, 사마천의 엄중한 경고가 절실한 2020년이다.

유리천장과
신분제 사회

드라마 〈스카이 캐슬〉이 그야말로 신드롬을 일으켰다. 자녀교육에 올인하는 우리나라 현실을 무척 현실감 있게 묘사한 이 드라마는, 대학병원 의사들과 판·검사 출신 로스쿨 교수들이 모여 사는 부촌을 배경으로 한다.

마치 그들만의 성채 같은 느낌을 주는 이곳에서, 엄마들은 무서울 정도로 아이들의 성적에 집착한다. 당연히 본인들의 사회적 지위를 물려주기 위해서다. 소름 끼칠 정도로 아이를 몰아붙이는 남편 때문에 아이들이 고통받는 것을 진심으로 안타까워하는 엄마도, 아들이 자신의 지위를 물려받기를 바라는 남편의 마음에는 공감한다. 하지만 아이를 향한 안타까움과 남편에게 공감하는 마음 사이에서 갈등

하며 괴로워할 뿐, 이 비극을 끝낼 방법을 고민하지는 않는다.

끝이 보이지 않는 불황에 갈수록 줄어드는 정규직 일자리, 안정이라는 단어가 점점 사라져가는 사회 분위기 때문인지 개인 간 경쟁은 하루가 다르게 치열해진다. 결국 이 뜨거운 경쟁의 끝에서 어른들이 생각해낸 방법은 '지금의 지위라도 물려주는 것'이다.

드라마 속 설정이 과장이 아니라는 것을 보여주듯, 해마다 수능 시즌이 되면 말도 탈도 많아진다. 어느 해도 예외는 없다. 어떤 교육 단체는 수능이 고교 교과 과정의 수준과 범위를 벗어나 출제되었으니 학교 수업만으로는 만점이 받기 불가능하다고 비판한다. 어떤 교육 단체는 국가에 손해배상 책임을 묻겠다고 한다. 수능 만점자를 배출한 지역이 부동산 핫플레이스로 떠올랐다는 보도도 나온다.

과거의 대학 입시가 개천에서 난 용이 되기 위한 수단이었다면, 지금의 대학 입시는 부와 권력을 대물림하는 첫 단추나 다름없다. 1인당 국민소득이 3만 달러를 넘는 경제 선진국이 된 이후에도 치열한 입시 경쟁이 벌어지는 것은 똑같지만, 이런 현상이 일어나는 원인이 달라지고 있다. 마치 신분제 사회로 회귀한 것처럼 지금 누리는 것을 자녀에게 물려주기 위해서, 자신이 가지고 있는 것을 자녀도 그대로 누리게 하려는 흐름으로 옮겨가고 있다. 이런 현실 앞에서 나는 모종의 위기감을 느낀다.

《춘추좌씨전春秋左氏傳》〈양공襄公〉 조에 지금 우리의 현실을 돌아보게 해주는 이야기가 있다.

노나라 양공 24년 때의 일이다. 노나라 대부 숙손표叔孫豹가 진나라에 사신으로 갔을 때 진나라의 대부 범선자范宣子가 마중 나와 그를 맞이하면서 질문을 던진다.

"'죽어도 썩지 않는다'라는 옛말이 있는데, 이게 무슨 뜻입니까?" 그런데 숙손표가 채 대답을 하기 전에 범선자는 이런 말을 이어간다.

"우리 조상은 순舜 임금 이전에는 도당씨陶唐氏였고 하나라 때는 어룡씨御龍氏였으며, 상나라 때는 축위씨豕韋氏였고 주나라 때는 당씨唐氏와 두씨杜氏였습니다. 두씨가 진나라로 와서 중원의 회맹을 주관하며 맹주가 되었을 때는 범씨가 되었으니, 우리 가문처럼 대대로 찬란하게 빛나는 것을 두고 썩지 않는다, 즉 '불후'라고 하는 게 아니겠습니까?"

짐작했듯이 범선자가 건넨 것은 질문이 아니다. 범선자는 숙손표에게 자기 가문을 과시하고 싶어서 이런 질문을 던진 것이다. 노나라는 주나라의 기틀을 마련한 주공周公이 책봉받은 나라로, 자타가 주례周禮의 계승자라고 공인하는 나라다. 집안으로 비유하면 '근본을 제대로 인정받는 명문가'인 것이다. 그래서인지 노나라는 예법을 해석할 특권을 가지고 있었다.

그런데 진나라는 노나라보다 힘이 셌다. 진나라는 힘으로 춘추시대를 제패하고 있었기 때문에 주나라를 인정하지 않았고, 자연스레 노나라를 인정할 리 없었다. 노나라 사신을 마중 나온 대부가 자기 가문의 찬란함을 자랑한 이유도 이 때문이었다.

그런데 범선자의 말에 숙손표는 보란 듯 대답한다.

"제가 알기로, 당신네 가문과 같은 사례는 대대로 나라의 녹을 받은 것이라 하지 후세까지 길이 명성을 남긴 것이라 하지 않습니다. 전에 우리나라에 장문중이라는 대부가 계셨는데, 이분이 세운 이론과 정책이 그분이 죽은 뒤에도 세상에 전해졌지요. 이게 진정한 불후가 아니겠습니까? 제가 알기로 최상의 경우는 덕을 쌓는 것이고 그다음은 공적을 세우는 것이며, 또 그다음은 이론을 세우는 것입니다. 이것들은 오래되어도 사라지거나 쇠퇴하지 않고 후세에까지 길이 남으니, 이를 일러 '불후'라고 하지요. 가문을 보존하고 제사가 끊이지 않는 집안은 어느 나라에나 있습니다. 이건 그 나라에서 누린 큰 지위일 뿐, 후세에 길이 남아 이름을 떨치는 '불후'라 할 수는 없습니다."

以豹所聞, 此之謂世祿, 非不朽也. 魯有先大夫曰臧文仲, 既沒, 其言立, 其是之謂乎? 豹聞之, 大上有立德, 其次有立功, 其次有立言, 雖久不廢, 此之謂不朽. 若夫保姓受氏, 以守宗祊, 世不絶祀, 無國無之, 祿之大者, 不可謂不朽.

숙손표에게 자기 가문을 자랑하던 범선자는 자기 나라에 어떤 위대한 가치가 있는지는 자랑하지 않았다. 훌륭한 인품과 위대한 행실로 후세에도 길이 남아 본보기가 될 삶을 살고 있는 인물이나, 공적인 가치를 위해 개인의 이익을 포기하고 공동체와 사회를 위한 결과물을 남긴 인물이나, 사회의 가치를 바르게 세울 수 있는 이론, 학설, 정책을 연구한 인물이나 그 내용은 말하지 않았다. 범선자에게는 개인을 넘어 공공의 가치를 생각할 정신적 여유와 성숙함이 없었던 것이다. 그는 철저히 자기 집안의 힘과 영향력에만 집착했다.

범씨 집안만 그랬던 것이 아니다. 당시 진나라 전체가 그랬다. 그래서 범선자의 머릿속에도 공적인 가치가 아닌 개인의 욕심을 채울 수 있는 이익만 가득했던 것이다. 결국 진나라는 여러 대부에 의해 멸망한다. 범씨를 포함해 조씨, 중항씨, 지씨, 위씨, 한씨 등 여섯 개 가문이 치열하게 싸우다가 최후에 승리한 조씨, 위씨, 한씨가 나라를 셋으로 나눈다. 한때 춘추시대를 지배했던 진나라는 이렇게 역사 속으로 사라진다.

뉴스를 볼 때마다 우리나라의 대물림 현상이 불안해지는 이유가 바로 여기에 있다. 나와 내 가족만 잘되면 그만이라는 생각이 보편의 생각이 되면 공적 가치가 무너지고, 힘없는 개인들은 설 자리를 잃어버려 결과적으로 나라도 인재를 잃게 된다.

인재가 사라진 나라는 이전에 얼마나 강했든 미래를 지켜갈 힘을 상실한다. 아무리 노력해도 힘이 없으면 결코 들어갈 수 없는 저들만의 스카이 캐슬을 욕심내다가 모두가 절망하기 전에, 공정과 정의가 실현될 수 있는 세상을 만들려고 노력하는 쪽이 개인과 나라 모두를 위해 훨씬 낫지 않겠는가.

2019년 초부터 버닝썬 게이트로 온 나라가 떠들썩했다. 처음에는 몇몇 사람이 클럽에서 벌인 비윤리적 행각 정도인 줄 알았던 일이 시간이 지날수록 꼬리에 꼬리를 물고 실체를 드러내며 전 국민을 경악시켰다. 사건의 면면이 파헤쳐질수록 권력자에게만 관대하게 적용되는 법 집행과, 법 위에 군림하며 온갖 불법을 일삼은 우리나라 대표 엔터테인먼트 기업의 비리 경영, '과연 경찰은 시민을 위해 존재하는가?' 하는 이슈들이 너무나 큰 충격으로 다가왔다.

버닝썬 게이트를 3개월여 추적 취재한 SBS 〈그것이 알고 싶다〉를 보면서, 무엇보다 시민을 저버리는 경찰에게 절망했다. 버닝썬 문제가 보도된 계기도 클럽의 부당한 처사를 신고한 시민을 경찰이 과잉

진압했기 때문이었다. 이전에도 해당 클럽이 지속적으로 신고되었지만 경찰이 한결같이 무시했다는 제보가 쏟아졌다.

그곳에서 한 여성이 성폭행을 당하는 듯한 상황을 목격하고 신고한 다른 여성은 신고를 해도 경찰이 출동하지 않았고, 무려 두 시간이 지난 뒤에 경찰에서 연락이 왔다고 제보했다. 내용인즉 자신이 119로 신고를 했고, 남성들은 해당 여성이 여자 친구이며 성폭행이 아니라고 해서 신고 내용을 취소했다는 것이다. 이 여성은 분명 112로 신고했다고 주장했고 확인 결과 112로 신고한 것이 맞았다. 평범한 시민을 지켜야 하는 경찰이 시민을 버리면 시민은 누구를 믿고 도움을 청해야 할까.

불과 몇 년 전까지만 해도 각종 시위와 촛불집회에 참석한 시민들을 법과 원칙을 내세워 막아서던 경찰을, 우리는 너무도 선명하게 기억한다. 그들은 시민의 안전과 사회 질서 유지를 위해서라고 주장했지만 버닝썬 사태를 보며 대체 저런 당당함은 어디서 나오는 건지 진심으로 궁금해졌다.

《맹자》〈이루 하〉 편에 다음과 같은 이야기가 있다. 아내와 첩을 데리고 살던 제나라 사람이 있었다. 그는 외출하면 반드시 술과 고기를 배가 터지도록 먹고 돌아오곤 했다. 이상하게 여긴 아내가 누구랑 술을 그렇게 먹었는지 묻자 남편이 죄다 부자에 높은 지위를 가진 사람들을 언급했다. 아무래도 의심스러웠던 아내는 첩과 함께 사실을 확인하기로 했다.

두 사람은 아침 일찍 일어나 남편의 뒤를 밟았다. 남편은 도성 안을 한참 어슬렁거렸는데 아무하고도 말 한마디 나누지 않았다. 한참을 그렇게 돌아다니던 남편이 동쪽 성 밖 무덤가로 가더니, 거기서 제사를 지내는 사람들을 찾아 제삿밥을 얻어먹는 것이었다. 아내는 하도 어이가 없어 집으로 돌아와 첩과 부둥켜안고 신세를 한탄하며 엉엉 울었다. "남편이란 존경하는 마음으로 바라보며 평생 함께 살아가야 할 사람인데, 요 모양 요 꼴이라니……."

한참을 그러고 있는데 남편이 돌아왔다. 아무것도 모르는 남편은 평소처럼 아주 의기양양하게 아내와 첩에게 한껏 거들먹거렸다. 맹자는 이 이야기에 대해 다음과 같이 말한다.

"배운 사람의 입장에서 보자면, 세상에서 부귀와 출세를 위해 아등바등 하는 사람치고 자기 아내와 첩에게 그 방법을 보이고도 부끄러워하며 얼싸안고 신세 한탄하게 하지 않을 사람이 거의 없어 보입니다."

由君子觀之, 則人之所以求富貴利達者, 其妻妾不羞也, 而不相泣者, 幾希矣.

버닝썬 사태를 지켜보는 내내 나는 어이없는 남편의 모습을 보며 눈물 흘리는 아내가 된 느낌이었다. 물론 존경할 만한 경찰들이 많다는 것을 잘 안다. 이토록 치안이 안전한 나라에서 살 수 있는 건 많은 경찰들이 정말로 애를 쓰고 있기 때문이다. 우리나라의 강력범죄

검거율은 2016년을 기준으로 96퍼센트를 웃도는데, 이런 결과 역시 최선을 다해 근무하는 경찰들의 노고 덕분이다.

하지만 우리는 대한민국이 안전한 나라라는 걸 알면서도 '경찰이 시민의 편인가?'라는 질문 앞에서는 여전히 의문을 품고 있다. 그동안 이 나라는 국민 주권이라는 말이 어떤 의미를 지니는지 알기 위해 너무 많은 대가를 치렀고, 그 과정에서 숱한 상처를 입어왔기 때문이다. 그 경험 속에서 정책의 내용과 국가 기관의 위상, 그리고 국민의 안정과 안전을 결정하는 힘은 사실 국민이 아닌 권력자들에게 있다는 생각을 누구나 할 수밖에 없었다. 이 생각은 이제 많은 이들의 노력과 외침 덕분에 어느 정도 균열이 갔지만 아직 완전히 깨지지는 못했다. 게다가 마지막에 힘을 쓰는 건 결국 돈이라는 믿음이, 사회 곳곳에 진하게 스며 있다는 문제도 있다. 그래서 나를 지켜주어야 할 공권력이 돈과 권력과 결탁되어 있다는 건, 평범한 시민에게는 걱정을 넘어 공포스러운 일이다.

맹자는 그 까마득한 전국시대에 나라의 근본은 백성이라는 것을 깨달았다. 군주도 정치 체제도 바꿀 수 있지만 백성만큼은 그 무엇으로도 대체할 수 없다는 사실을 그는 알았다. 그래서 가짜 권력에 빌붙어 뭔가를 할 생각은 하지 말고, 진짜 힘을 가진 백성을 잘 돌보아 정당하게 권력을 가지라고 주장했다.

수천 년 전에 했던 주장이 지금도 완벽하게 유효하다. '민본'을 넘어선 '민주'의 시대에는 더욱 그렇다. 하지만 권력을 가지려 하는 이들의 생각은 다른 모양이다. 여전히 국민보다 나라의 요직에 가까이 있는 사람, 돈이 많은 사람에게 자신의 미래를 맡기려 든다. 돈과 권력에 경도되는 모습은 전국시대나 지금이나 별반 다를 게 없다.

그렇지만 마지막 판을 바꿀 힘은 누가 뭐래도 평범한 국민 한 사람 한 사람이 쥐고 있다. 게다가 이제 대한민국 국민은 몇 달에 걸친 촛불집회로 국민이 이 나라의 진짜 주인임을 온 세계에 알리지 않았던가? 버닝썬 사건이 보도되기 전에는 그 어떤 신고에도 대응하는 시늉조차 하지 않던 경찰이지만, 사건이 터지자 경찰청장이 직접 나서 수사 인력만 126명을 투입해 제대로 조사하겠다고 발표해놓고는 곧바로 디지털 복원 업체를 압수 수사했다. 그 덕분에 국민들은 보복 수사가 아니냐는 의혹까지 가졌다. 경찰의 수사권 독립을 어떡할 것인가? 이제 어떤 정책이든 자신들만의 리그로 모든 것을 결정하던 시대가 저물어가고 있는데.

버닝썬 사태를 계기로 우리 사회에 진정한 변화가 시작되길 바란다. 시간이 지나면 금방 잊힐 바람이라 생각하지 말고, 이 또한 지나가리라 체념하지 말고 우리 사회에 정말 필요한 개혁이 일어나길 바란다. 결국에는 우리가 원하든 원하지 않든 모든 게 새로워질 것이다. 국민과 공권력이 서로를 믿고 의지하며 세상을 안전하게 가꾸어가는 대한민국이 되길 꿈꾸어본다.

2018년 한국 대법원이 일제강점기 당시 강제징용 피해자들에 대한 일본 기업의 배상 책임을 인정했는데 일본 정부에서 인정할 수 없다는 입장을 내세운 바 있다. 이 일로 한일간 무역분쟁이 시작되었고, 이 분쟁으로 지난 한 해 동안 온 나라가 시끌시끌했다.

이와 관련해, 어느 일간지 칼럼을 읽고 충격을 받은 일이 있다. 해당 칼럼은 대한민국이 1948년에 건국되었으니 1919년 3·1운동으로 대한민국을 건립, 선포했다는 말은 국제법상으로 효력이 없다고 주장했다. 그 기간에 우리에게는 제대로 된 정부가 없었으니 일본의 주장이 맞다는 것이 칼럼의 논리였다. 그렇다면 1948년 이전에 짓밟힌 모든 것에 대해 지금의 한국 정부는 어떤 문제도 제기할 수 없고,

자국민을 보호할 수도 없다는 뜻이 된다. 반反인도적으로 자행되었던 모든 범죄가 전부 용인된다는 논리에 치가 떨렸다.

법은 언제나 권력에 남용될 수 있다. 약자와 약소국이 강자와 강대국에게 짓밟히고도 항변조차 할 수 없는 구도는 어떤 이유로도 만들어져서는 안 된다. 그래서 국제법은 '반인도적 범죄와 전쟁 범죄는 국내법상 범죄와 동일하게 취급할 수 없기 때문에 시효가 적용되지 않는다'고 분명히 밝히고 있다. 강제징용 피해자들은 지금까지 못 받은 임금이나 적법한 징용을 전제로 한 보상금을 청구하는 것이 아니라, 반인도적 불법 행위를 저지른 데 대한 위자료를 청구하고 있는 것이다.

그래서 이런 논의를 할 때 가장 먼저 생각해야 하는 것이 '법이란 무엇인가'이고, 그다음이 '법은 어떻게 만들어지는가'이다. 법 이전에 인간이 있다. 법은 자연 현상처럼 저절로 만들어지지 않았다. 사람들이 모여 살면서 갈등과 분쟁이 생기자 이를 해결하기 위해 규칙을 만들게 되었고, 공동체가 점점 커지면서 사회와 국가가 만들어지자 권력을 견제하고 개인을 보호할 필요성이 제기되었다. 상황이나 사람에 따라 이랬다저랬다 흔들리지 않을 규칙, 각 구성원이 조화를 이루며 살게 할 '최소한'의 규칙이 법이라는 이름으로 만들어졌다.

민본을 주장했던 맹자는《맹자》〈이루 상〉편에서 법의 탄생에 대해 이렇게 설명한다.

"제아무리 시력이 뛰어난 이루만큼 눈이 밝고, 제아무리 전설적인 디자이너 공수자만큼 솜씨가 정교해도 컴퍼스와 직각자가 없으면 정확한 원과 직각을 그릴 수 없죠. 제아무리 전설적 음악인인 사광처럼 음감이 뛰어나도 조율기가 없으면 음계를 바로잡을 수 없습니다. 제아무리 요임금과 순임금의 철학을 가지고 있더라도 사람을 중심으로 한 법과 제도가 마련되어 있지 않으면 평화로운 세상을 만들 수 없지요."

離婁之明, 公輪子之巧, 不以規矩, 不能成方員. 師曠之聰, 不以六律, 不能正五音. 堯舜之道, 不以仁政, 不能平治天下.

개인이 아무리 뛰어난 재능을 가지고 있더라도 합의된 기준이 없으면 건축도 예술도 탄생할 수 없다. 마찬가지로 아무리 선하고 명석한 사람도 법과 제도가 없으면 그 선함을 실현시킬 수 없다고 맹자는 말한다. 적합하다고 여기는 기준은 개인마다 다르기 때문이다. 한 사람의 자질에 모든 것을 맡긴다면 정치가 아니다. 매번 바뀌는 기준으로는 사람들이 안정된 일상을 살아갈 수 없다. 그러나 법과 제도가 잘 마련되어 있으면 지도자의 자질이 조금 부족해도 사회가 쉽게 흔들리지 않고 유지될 수 있다. 법과 제도는 지도자 개인의 능력을 넘어서서 사회를 더 긴 안목으로, 더 오래 안정적으로 이끌어가는 힘이 된다.

맹자는 흔들리지 않는 법과 제도가 백성을 사랑했던 훌륭한 왕들에게서 만들어졌다는 점을 강조하며 인간을 향한 사랑을 품고 있어야 법과 제도가 원칙을 가질 수 있다고 강조한다.

"이런 의미에서 오직 인간을 이해하고 사랑할 줄 아는 사람만이 남을 다스리는 자리에 오를 자격이 있다고 하겠습니다. 사람을 사랑할 줄 모르는 사람이 남을 다스리는 자리에 오르면 그의 악함으로 수많은 사람들에게 해를 입히게 되죠. 그러면 위에서는 바른 기준, 바른 철학을 고민하지 않고, 아래에서는 법을 지키지 않아요. 정치인들은 바른 기준, 바른 철학의 가치를 믿지 않고, 실무자들은 각종 제도를 따르지 않고요. 지도층이 정의를 외면하고 일반인들이 법을 위반하는데 그런 상황에서도 나라가 유지된다면, 그건 순전히 운이겠죠."

이어 맹자는 다음 장에서 공자의 말을 인용한다.

"길은 단 두 개입니다. 백성을 아끼고 보호하든지, 그러지 않든지."

평범한 개인이 거대 권력으로부터 학대당하고 짓밟혀 삶이 망가졌는데 소위 배웠다는 사람이 작은 힘이라도 보태 함께 싸워주지는 못할망정 "어쩔 수가 없어", "법이 그래", "언젯적 일인데 이제 그만 잊어"라고 말한다면 진정으로 배운 사람이라 할 수 없다. 맹자는 법과 제도를 중시하고 지켜야 한다고 주장했지만, 그것을 중시한 이유는 법과 제도가 사람을 중심에 두는 바른 가치로 성립된 것이라는 전제가 있기 때문이었다.

오늘날은 준법정신이나 엄정한 법 집행보다 법이란 무엇인가, 무엇이 올바른 법인가를 고민해야 한다. 시민들이 '악법도 법이고 위선도 선이고 오답도 답이다' 같은 말을 농담처럼 내뱉은 사회는 분명 위험하다.

법은 그 자체로는 진리가 아니다. 국민 혹은 국민이 선출한 대표자들이 다수결의 원칙에 입각해 만든 약속일 뿐이다. 그리고 법은 법을 다루는 자의 해석에 따라 선하게도, 악하게도 쓰인다. 우리 사회가 무엇을 중요하게 생각하는지, 그 기준과 가치에 사회가 어떻게 합의하는지가 법의 방향을 결정한다. 인권에 대해 끊임없이 고민하고 자문하지 않으면 우리의 인권은 지켜지지 않는다.

이제 우리 사회는 이 질문을 시작했다. 사회 구성원 한 사람 한 사람이 법이란 무엇인지, 인권이란 무엇인지 진지하게 숙고할 때, 악법은 개정되고 위선은 교정되며 법은 약자의 눈물을 닦아주는 도구로 쓰이게 될 것이다.

잘
못
을

인
정
할 용
기

일제강점기 때 친일 행각을 했던 일을 두고 누군가가 "그땐 언제 그 시기가 끝날 줄 몰랐으니까. 일본의 치세가 끝날 것 같지 않았으니까"라고 변명했던 말이 회자된 적이 있다. 아니, 혹시 아직도 회자되고 있나?

이 말을 처음 들었을 때는 그럴 수도 있겠다 싶었다. 대체 언제쯤 이 지독한 식민지 시대가 끝날지 아무도 몰랐을 테니까. 과연 독립을 할 수는 있을지 알 수 없었고, 독립운동을 하더라도 우리가 저 강력한 일본으로부터 벗어날 수 있을 거란 확신은 누구도 갖지 못했을 테니까.

그런데 시간이 지날수록 '참 그럴 듯한 거짓말이네'라는 쪽으로 생각이 기울었다. 친일은 정말 어쩔 수 없는 선택이었을까? 선택할 여지조차 없는 상황이라는 게 과연 있을까? 특정한 상황 때문에 어쩔 수 없었다는 말로 자신이 한 행동의 책임을 고스란히 떠넘겨도 되는, 그런 선택이란 게 과연 있을까?

전국시대 때 초나라에 굴원屈原이란 인물이 있었다. 그는 초나라 회왕懷王의 신임을 받아 헌령憲令에 임명되었다. 그가 맡은 일은 당시 초나라의 당면 과제였던 개혁 정치를 선봉에서 이끌며 새로운 법령을 정비하는 일이었다. 회왕은 나라의 부국강병과 법령 정비를 위한 개혁을 추진하고자 굴원을 핵심 인물로 삼은 것이다.

당시 중국에서는 진나라의 위세가 매우 거세지고 있었다. 따라서 동쪽의 여섯 개 나라가 연합해서 진나라가 동쪽으로 세를 확장하는 것을 막자는 합종合縱과, 동쪽의 어느 나라든 진나라와 연합해서 나머지 나라를 약화시키자는 연횡連橫이 주요 흐름을 이루고 있었다. 초나라는 합종의 진영에서 가장 영향력 있는 나라였는데, 회왕은 그릇이 작고 귀가 얇았다. 다른 사람의 말에 쉽게 흔들리니 이간질에도 잘 속았다.

왕이 이러하니 왕의 신임을 받는 굴원 입장에서는 불안할 수밖에 없었다. 개혁 법안을 마련할 때 동료 상관대부의 모함으로 왕의 미움을 사서 굴원 자신이 좌절을 겪은 것은 물론 정책도 제대로 추진할 수 없었다.

왕이 굴원을 내치자 진나라는 굴원이 없는 틈을 타서 회왕을 회유했다. 제나라와의 유대를 끊으면 초나라에 땅 600리를 주겠다고 유혹한 것이다. 회왕은 이 말에 넘어갔고 합종의 연합을 깬다. 그러자 진나라는 즉각 땅 600리가 아니라 6리라고 말을 바꾼다. 회왕은 화가 나서 진나라를 공격하지만 패하고, 회왕은 그제야 자신의 잘못을 깨달아 굴원을 다시 등용해 제나라와의 관계를 개선한다.

그래도 회왕은 여전히 지혜롭지 못해서 계속 실수를 하고, 결국 친진파 세력만 키운다. 회왕 24년에는 진나라 공주를 며느리로 맞아야 하는 굴욕적인 상황에 처하는데, 굴원은 이에 격렬하게 반대한다. 나약한 타협은 나라를 멸망으로 몰고 간다는 것을 너무 잘 알았기 때문이다. 그러나 굴원에게 돌아온 것은 귀양이라는 징계였고, 이후 진나라는 다시 초나라를 공격할 계획을 세운다. 바로 조약을 맺으러 오라고 한 것이다.

굴원은 또다시 강하게 반대한다. "진나라는 호랑이나 이리와 같으므로 믿어서는 안 됩니다. 가시면 안 됩니다." 그러나 친진파의 계략으로 회왕은 진나라에 가서 조약을 맺고, 그 길로 진나라에 억류되어 있다가 그곳에서 병사한다.

굴원을 비롯한 초나라 사람들은 회왕을 그렇게 만든 친진파의 왕자 자란子蘭을 크게 비난했다. 자란은 왕위를 물려받은 경양왕頃襄王에게 굴원을 참소했고, 분노한 왕은 결국 굴원을 추방한다.

굴원은 추방당한 뒤 그 유명한 어부사漁父辭를 쓴다. 글은 굴원이 초췌하고 생기 없는 몰골로 강가를 어슬렁거리는 것으로 시작된다. 한 어부가 강에서 배를 띄우다가 굴원의 그런 모습을 보고 다가와 말을 건넨다.

"그대는 삼려대부가 아닌가요? 어쩌다 이 지경에 이르셨습니까?"

"온 세상이 모두 혼탁한데 나 혼자만 깨끗하고, 온 세상이 모두 취했는데 나 혼자만 깨어 있다네. 그래서 추방을 당했지."

굴원의 대답에 어부가 다시 묻는다.

"성인은 사물에 막히거나 얽매이지 않고 세상을 따라 자신을 변화시킬 줄 알죠. 세상 사람들이 죄다 혼탁하거든 덩달아 그 진흙을 휘젓고 되레 흙탕물을 더 일으키지 그러셨습니까? 사람들이 죄다 취했거든 덩달아 그 술지게미를 먹고 밑술을 들이키지 그러셨습니까? 무슨 대단한 꼴을 보자고 깊이 생각하고 고상하게 행동하다가 추방을 당하신단 말입니까?"

그러자 굴원이 대답한다. "나는 머리 감은 사람은 갓도 꼭 깨끗이 털어서 쓰고, 목욕을 한 자는 옷도 깨끗이 빨아서 입는다고 들었네. 어찌 깨끗한 몸에 남의 더러운 것을 묻힐 수 있겠는가? 내 차라리 강물에 몸을 던져 물고기 밥이 될지언정 어찌 희디흰 결백한 몸에 세속의 먼지를 뒤집어쓸 수 있겠는가 말일세."

그러자 어부는 피식 웃고는 돛대를 두드리며 들으라는 듯 이런 노래를 불렀다.

"창랑의 물이 맑구나! 내 갓끈을 씻어야지. 창랑의 물이 더럽구나! 내 발이나 씻어야겠네."

굴원은 그렇게 떠나간 어부를 다시는 만나지 못했다.

그날 이후로 굴원은 어떻게 되었을까? 그는 돌을 끌어안은 채 멱라강에 몸을 던져 생을 마감했다고 전해진다. 굴원은 혼탁한 세상에 끝내 섞일 수 없었던 것이다. 그럼 어부는 누구일까? 은둔해서 사는 현자라고도 하고 굴원의 또 다른 자아가 형상화된 존재라고도 한다. 끊임없이 옳은 가치를 주장하다가 거부당하고 마침내 추방된 굴원에게 당시 이런저런 충고를 많이 해준 사람들일지도 모른다.

굴원의 사망 시기는 기원전 277년이라고 알려져 있다. 기원전 221년에 진나라가 천하를 겸병하면서 전국시대가 막을 내린다. 우리는 이 시대가 어떻게 끝났고 누가 천하를 통일했는지 알고 있는 입장에서 이들의 역사를 보기 때문에 "6년만 있으면 결국 진나라가 천하를 통일하는데"라는 생각으로 굴원의 한 많은 죽음을 바라볼 수 있다.

그래도 모르는 일이다. 회왕이 그렇게 귀가 얇지 않았다면, 개혁을 추진했다면, 또는 다른 방향으로 외교를 추진했다면 어떤 결과가 나타났을지. 그 시간을 살고 있는 사람은 그 시간에 자신이 할 수 있는 최선을 선택하고 행동할 것이다. 초나라는 굴원의 조국이었고 그는 절박한 마음으로 행동했다. 게다가 초나라와 제나라는 통일을 감당할 만큼 크고 강한 나라였다.

우리는 대개 결과론적인 시각으로 역사를 바라본다. 이미 지나간 시간이라고 생각하기 때문이다. 그러나 역사는 언제나 현재적이다. 지금의 선택이 가져온 결과이기 때문이다. 초나라를 망하게 한 친진파들은 '어차피 대세는 진나라'라고 생각했을 것이다. 그런 생각이 아니었어도, 나라를 버리더라도 진나라를 통해 얻을 개인의 이익이 더 컸기 때문에 진나라에 유리한 쪽으로 정치를 했을 것이다. 회왕이 신뢰가 깊은 사람이었더라면, 친진파가 굴원과 뜻을 같이하는 사람들이었다면 초나라의 역사는 어떻게 흘러갔을까?

어부는 권한다. 창랑의 물이 맑으면 갓끈을 씻고, 창랑의 물이 흐리면 발을 씻으라고. 그렇게 세상에 적당히 어울려 살라고. 세상을 바꾸려 하지 말고, 너의 좋은 머리와 뛰어난 능력으로 세상을 읽어 세상에 맞게 너를 변화시키라고.

그러나 어부의 저 노래를 전혀 다르게 해석한 사람도 있다. 바로 공자다. 어부의 노래와 완전히 똑같은 노래가 공자의 일화에 등장한다. 아마 이 노래는 그 당시에 유행하던 동요 내지는 민요 같은 것이었나 보다. 공자는 이 노래를 듣자 걸음을 멈추고 제자들에게 말한다.

"얘들아, 들어보거라. 물이 맑으면 갓끈을 빨고 물이 흐리면 발을 씻는다는구나. 결국 어떤 취급을 받느냐는 물 자체의 문제다."

여기에 맹자가 평설을 붙인다.

"이 말씀이 딱 맞아요. 궁극의 화근은 내부에 있죠. 남이 나를 업신여기는 것 같지만 사실은 스스로 자신을 업신여긴 뒤에 남이 나를 업신여기죠. 집안도 마찬가지입니다. 내부가 먼저 망가진 뒤에 사람들이 산산조각 내죠. 국가도 그래요. 내정이 엉망진창이 된 뒤에 다른 나라가 쳐들어와서 끝장을 내는 거예요.《서경》〈태갑〉편에 있는 '하늘이 빚은 재앙은 살아날 구멍을 찾아볼 수 있지만 스스로 자초한 재앙은 도무지 피할 길이 없다'라는 말이 딱 이 뜻이죠."

굴원은 어쩌면 어부의 말을 듣고 스스로 그렇게 살아보려고 시도했을지도 모르겠다. 내가 뭐라고, 내가 뭘 할 수 있다고······. 그러나 굴원은 그렇게 사는 것이 자신을 업신여기는 행동이라 생각했다. 나조차 흐린 물이 될 수는 없다고, 세상이 혼탁해도 맑은 수원은 지켜야 하지 않겠느냐고. 그렇게 그는 더러운 물에 몸을 던져 초나라의 정신을 구했다. 맑은 정신이 살아 있는 그의 글들은《시경》과 함께 중국고전문학의 양대 산맥을 이루는《초사楚辞》의 근원이 되어 우리가 초나라의 맑은 마음을 기억하게 한다. 죽음의 수용소라 불리는 아우슈비츠에서 살아남은 빅터 프랭클은《죽음의 수용소에서》에서 이렇게 말했다. "인간에게 모든 것을 빼앗아갈 수 있어도 단 한 가지, 마지막 남은 인간의 자유, 주어진 환경에서 자신의 태도를 결정하고, 자기 자신의 길을 선택할 수 있는 자유만은 빼앗아갈 수 없다."

여건 때문에 어쩔 수 없이 하는 친일은 없다. 그렇다면 의병은, 독립군은 어떻게 설명할 것인가? 세상이 어떻게 흘러가든 굴원으로 살기를 선택하느냐 친진파가 되기를 선택하느냐는 오롯이 각자가 직면하고 선택할 몫이다. 지금 한국 사회에 필요한 것은 현명한 선택과 그 선택을 책임지는 용기이지, 자신도 남도 속이는 그럴싸한 변명이 아니다.

《장자》를 읽다 보면 장자가 유가에 대해 비아냥거리는 부분이 나온다. 장자는 유가의 예악에 회의적인 입장이었다. 성인이나 지식인이 만든 도덕이나 지식은 일반 백성을 위해서가 아니라 결국 위정자를 위해 쓰인다고 보았기 때문이다. 옳고 그름을 인위적으로 나누었기 때문에 되레 옳고 그름, 간사함과 사악함이 생겨났고 지배자는 그것을 통해 힘을 가진다니, 재미있는 역설이다. 〈거협胠篋〉 편을 보면 아주 재미있는 이야기가 나온다.

졸개들이 아주 유명한 도적인 도척盜跖에게 물었다.

"도둑에게도 도道가 있습니까?"

그러자 도척이 대답했다.

"어디엔들 도가 없겠나? 훔치러 들어간 곳에서 감춰둔 곳을 잘 알아맞히는 것이 성스러움이고, 먼저 들어가는 것이 용맹함이며, 가장 나중에 나오는 것이 의로움이고, 탈 없이 훔칠 수 있는지 여부를 아는 것이 지혜로움이며, 훔친 물건을 균등하게 나누는 것이 어짊이다. 이 다섯 가지 도를 갖추지 않고 대도가 된 자는 아직 세상에 없지."

이러한 관점 때문인지, 장자가 보기에 유가에서 강조하는 도덕은 오히려 큰 도둑을 이롭게 하는 수단일 뿐이었다.

"상자를 열고 자루를 뒤지고 궤짝을 뜯는 도둑에 대비하기 위해서는 반드시 새끼줄로 꽁꽁 묶고 빗장으로 단단히 고정해야 한다. 그러나 큰 도적은 문을 부수고 들어와 꽁꽁 묶어놓고 빗장으로 고정한 궤짝을 짊어지고 상자를 메고 자루를 들고서 도망친다. 그는 내달리면서 오히려 사람들이 그것들을 꽉 묶고 단단히 고정시키지 않았을까 봐 걱정한다. 그렇다면 도덕이나 지식도 큰 도둑을 위해 물건을 단단히 모아둔 것이 아닌가?"

장자가 이렇게 유가의 도덕과 지식을 비아냥거린 데는 그럴 만한 이유가 있었다. 실제로 세상이 그렇게 돌아갔기 때문이다. 장자는 제나라를 예로 들었다. 제나라는 강대국이어서 백성도 많았고 물자도 풍부했다. 성현들이 일러준 통치의 원칙을 잘 지켜 국경을 잘 단속했고 종묘사직을 설치했으며 행정 단위를 잘 마련해서 지방과 외진 지역까지도 빠짐없이 살피고 다스렸다. 그러나 원래 제나라는 강씨의 나라였는데, 전성자田成子가 임금을 죽이고 나라를 차지하면서 하루아침에 전씨의 나라가 되어버렸다. 나라를 훔친 것이다.

장자는 이렇게 주장했다. "훔친 것이 어찌 그 나라뿐이었겠는가? 성인과 지식인이 만든 법규와 제도까지 함께 훔친 것이다. 전성자에게는 도적이라는 이름이 붙었으나 전성자 자신은 요순과 같은 평안함을 누렸다. 작은 나라는 감히 비난하지 못했고, 큰 나라도 감히 죽이지 못했다." 결국 성인과 지식인이 만든 법과 제도가 대도인 전성자를 지켜주었다는 것이다.

이 구절을 읽을 때면 '한 명을 죽이면 살인자가 되지만 수백, 수천 명을 죽이면 영웅이 된다'라는 말이 떠오른다. 나라를 훔치고 수많은 사람을 죽였는데도 경제를 살렸다는 이유로 추앙받는 지도자는 우리나라에도 있다. 민주주의라는 이름은 도용되었고 교묘히 비틀어졌다. 이제는 투쟁하는 사람도 민주주의를 외치고, 억압하는 사람도 민주주의를 외치는 기이한 세상이 되었다. 마치 도둑이 공자의 주장을 가져와서 써먹는 것 같다.

이런 이유로 장자는 법과 도덕을 시스템으로 만들고 유지하는 방식에 대해 기본적으로 회의적인 입장을 보였다. 이 시스템에서는 좀도둑은 처벌을 받지만 큰 도둑은 시스템 자체를 장악해서 자기 통치와 안전을 위한 도구로 사용한다는 것이다.

《장자》에는 더 재미있는 이야기가 또 있다. 〈외물外物〉 편에 나오는 내용이다.

어떤 유자儒者들이 《시경》과 《예기》의 내용을 들먹이면서 무덤을 도굴하고 있었다. 무덤 밖에서 망을 보던 큰 선비가 무덤 안에서 작업하던 작은 선비에게 물었다.

"동녘이 밝아온다. 일이 어찌되었나?"

작은 선비가 대답했다.

"아직 송장의 옷을 다 벗기지 못하였고, 입 안에는 구슬을 그대로 물고 있습니다."

그러자 큰 선비가 이렇게 말했다.

"《시경》에 이런 시가 있지 않은가? '푸르고 푸른 보리가 비탈진 묘도墓道에 무성하게 자라났구나. 살아서 남에게 베풀어준 일이 없었는데 죽어서 어찌 입에 구슬을 물겠는가'라고 말일세. 그놈의 머리를 잘 잡고 턱수염을 누른 다음, 쇠망치로 그놈의 턱을 쳐서 천천히 그의 볼까지 벌린 다음 입 속의 구슬이 망가지지 않도록 잘 꺼내게."

무려 무덤을 파내 시신을 훼손하고 물건을 훔치면서도 시를 짓고 예와 도덕을 말하고 있다. 이 상황이 어찌 웃기지 않겠는가. 큰 선비, 작은 선비라고 한 것을 보면 이들은 아마 사제간인 것 같다. 서로 인과 의와 예를 논하는 유자로서 제자까지 두고 있으면서 도굴을 하고, 남의 도덕을 논하면서 자신의 행동을 합리화한다. 정치도 종교도 이렇게 타락해간다.

그 어떤 성인도 처음부터 나쁜 의도로 개념을 만들고 시스템을 만들고 도덕을 논하지 않았을 것이다. 아니, 오히려 혼란한 세상을 가슴 아파하며 고통당하는 사람들을 살리기 위해 뼈를 깎는 노력으로 개인의 인생은 완전히 포기해가면서 법과 제도를 만들었을 것이다. 하지만 시간이 흐를수록 교조화되면서 문제가 발생한다. 원래의 의도는 어디론가 사라져버리고 귀에 걸면 귀걸이, 코에 걸면 코걸이가 되어버리는 것이다.

유가에 이런 관용어가 있다. "성인은 다시 태어나도 나의 이 말을 옳다 할 것이다." 자신의 말과 주장을 확신하고 또 확신할 때 쓰는 표현이다. 그러나 성인은 이미 죽었고, '다시 태어나도'라는 가정은 증명되지 못한다. 서로 전혀 다른 주장을 하면서 성인의 이름을 들먹인다 해도 이미 저 세상 사람이 된 성인은 그 주장을 확인해줄 수 없다.

장자가 비관적이었던 데는 그만한 까닭이 있었다. 어떤 좋은 의도로 만들어진 시스템도 시간이 흐르면 나쁜 사람들이 제멋대로 세상을 쥐고 흔드는 데 쓰일 뿐이다. 차라리 없느니만 못한 결과다.

하지만 나는 장자에게 말하고 싶다. 그래도 그 시스템과 도덕이 꼭 필요하다고. 그것들이 다시 세상의 희망이 될 수 있다고. 소수에 불과하지만 세상에는 자신을 희생해서라도 남을 이롭게 하고 세상을 이롭게 하며 불의에 절대 타협하지 않는 사람들이 반드시 존재한다는 사실을 알기 때문이다. 그리고 이보다 더 중요한 사실은 지금 세상에서는 국민이 피지배자가 아닌 지배자라는 점이다. 자기에게 이익이 되는 일에 '국민'이란 단어를 마음대로 가져다 붙인 정치인들에게 국민들은 더 이상 끌려다니지 않는다. '민주주의'의 잘못된 해석에도, 정의와 법치를 남용하는 행위에도 국민들은 더 이상 속지 않고 스스로 공부한다. 그리고 더 이상 당하지 않으려고 귀한 시간을 들여 할 수 있는 노력을 기울인다.

좋은 가치, 필요한 요소들이 망가지지 않도록, 낡아서 왜곡되고 변형되지 않도록 평범한 국민 한 사람 한 사람이 감시하는 시대가 되었다. 지식인이라는 허울에 속아 그의 말이라면 무조건 믿었던 시절도 있지만 지금은 스스로 듣고 분석하고 질문한다.

장자가 지금 시대를 보면 뭐라 말할지 궁금하다. 우리는 여전히 속을 때도 있지만 언제나 속지는 않는다. 대도를 향해 대도라 말하는 세상을 향해 가고 있다. 더욱 지혜로워지고 있는 국민들 앞에서 정치인, 법조인, 경제인, 종교인, 지식인 모두 조금은 더 겸허해져야 하지 않을까?

좋은 게 좋은 것,이라는 나쁜 말

《논어》를 배우다가 참 대답하기 어려운 부분을 만난 적이 있다. 〈헌문憲問〉 편에 나오는 내용이다.

"악을 선으로 갚는 것이 어떻습니까?" 어떤 사람이 물으니 공자가 이렇게 말한다.

"그렇다면 은혜를 입었으면 뭘로 갚죠? 악에 대해서는 그 저지른 악만큼 대가를 치르게 하고 선에 대해서는 선으로 보답해야 하는 겁니다."
子曰, 何以報德? 以直報怨, 以德報德.

공자의 말이 틀린 것은 아니지만 그렇다고 정답이라는 생각도 들지 않았다. 공자의 말은 매사에 공명정대해야 한다는 건데, 그래서 나에게 선을 행한 사람에게는 선으로 갚고 악을 행한 사람에게는 그 악을 객관적으로 따져 그에 알맞은 대가를 치르게 해야 한다는 것이다.

　나는 〈아름다운 세상을 위하여〉라는 영화를 참 좋아한다. 다단계 선행이라고 혹평하는 사람도 있지만 내게는 참 의미가 깊다. 한 사람이 세 사람에게 자잘한 도움이 아닌 그의 인생을 바꿀 만한 도움을 주고 도움을 받은 사람이 그 덕분에 정말 새로운 인생을 살게 된다면, 삶이 달라진 그 사람이 또 다른 세 사람에게 도움을 주는 식으로 선행이 확산될 때 세상이 얼마나 아름다워지겠냐는 것이 영화의 메시지다.

　영화의 원래 제목은 '페이 잇 포워드Pay It Forward'다. '다음 사람에게 갚으세요' 정도 되겠다. 이렇게 하면 정말 세상이 바뀔 수 있겠구나! 나는 영화에 단단히 설득됐고 결국 이 주장을 믿게 되었다. 이 말을 마음에 담고 지금까지도 가끔 곱씹으면서 하루하루를 살아가고 있다.

　다만 도움을 주려면 받을 줄도 알아야 한다. 주는 것은 기꺼이 하겠는데 정말 받아야 하는 순간에 자존심이 상해 못 받겠다는 사람들을 가끔 본다. 나도 그런 사람이었다. 주는 사람이 되고 싶을 뿐, 받지 않으면 살 수 없는 사람은 되고 싶지 않았다.

　돈이 없을 때가 특히 그랬다. 취업 준비를 할 때, 그리고 한문을 배울 때. 벌이는 시원찮은데 나이가 있다 보니 차마 부모님께 손을 벌릴 수가 없었다. 그래도 책을 사야 하고 부족한 부분을 배워야 하고 병원에도 가야 했다. 그런데 그때마다 나를 도와주는 분들을 만나는 행운을 누렸다. 돈 한 푼 받지 않고 공부를 가르쳐주시고, 완전히 망가져 냄새를 맡지 못하는 후각을 치료해주시고, 치과 진료를 받게 해주신 분들이 너무 감사해 어찌할 바를 몰랐다.

그때 알았다. 무료로 도움을 받는 것이 한편으로는 감사했지만 마음 한구석이 정말 불편하다는 것을. 누군가에게 베푸는 것은 기꺼워하면서 받는 것은 힘들어하는 나를 보았다. 처음으로 '나는 참 오만한 사람이구나!' 하는 걸 느꼈다. 세상 어디에도 모든 것을 다 가져 혼자서도 잘 살 수 있는 사람은 없는데 나는 그걸 몰랐다.

기꺼이 받고, 고마운 마음을 또 다른 누군가에게 잘 흘려보내는 것. 지금 내가 세상을 바라보는 방식이다. 그런데 이 흐름이 바르게 자리 잡으려면 먼저 고마운 것은 고마운 것, 미안한 것은 미안한 것이라고 정확히 인지하고 기꺼이 받아들이는 마음이 필요하다. '다음에 돌려주면 되지 뭐'라는 가벼운 마음이라면, 말로는 고맙다고 하지만 사실 진정으로 고마움을 느끼는 건 아닐 것이다. 도무지 되갚지 못할 깊은 감동과 감사함을 느끼니 내 잔이 넘쳐 다음 사람에게 흘려보낼 수 있는 것이다.

사실 이렇게 잘 흘려보내는 사람은 자신에게 선을 베푼 사람에게도 분명 끊임없이 감사할 것이다. 용서받을 수 없는 일을 용서받았을 때, 자신이 한 짓이 도저히 용서받을 수 없는 행동임을 정확히 아는 사람은 그 가치를 안다. 자신에게 잘못한 누군가를 용서하지 않고는 도저히 견딜 수 없는 감사와 감동이, 평생 그 사람 앞에서 고개도 들 수 없는 감사와 감격이 당연히 그 사람 안에 흐른다. 이것을 정확히 인지하지 않는다면 내가 베푸는 선은 상대방에게 오히려 독이 된다. 공자는 바로 이 점을 지적한 것이 아닐까 생각해본다.

나는 '좋은 게 좋은 것'이란 말이 진짜 나쁘다고 생각한다. 지독한 잘못을 저지른 사람이 가슴을 쥐어뜯으며 반성하고 사죄하는 경우를 거의 보지 못했다. 당연히 그런 사람은 속죄하는 삶을 살지 않는데 우리는 되레 당한 사람에게 때로 무조건 용서하고 잊으라고, 그것이 선이라고 너무 쉽게 말한다. 악은 공명정대함으로 갚고 선은 선으로 갚는 사리분별이 먼저다. 그래야 악을 선으로 갚는 행위의 진정한 가치가 발휘될 것이다.

'함께 있기에 아름다운 안개꽃처럼'이라는 노래 가사를 되새겨본다. 올해는 미안한 줄 알고, 고마운 줄 알고, 부끄러운 줄 알고, 사죄할 줄 알아서 따뜻함을 제대로 주고받고 전할 줄도 아는 우리가 되길 바란다. 평생 누군가에게 빚진 마음으로 살 수 있다면 세상이 1도 정도는 더 따뜻해질 것이다.

5장

인생을
성찰하다

후회 없는 삶을 살고 싶어서

————

쓸모없는 것이 쓸모 있다

가끔 중, 고등학교에서 특강을 하다 보니 인연이 닿은 학생들이 종종 상담을 요청해오는 경우가 있다. 대개 진로에 관한 고민이 많고, 아주 가끔은 자신의 미래를 위해 성형을 할지 말지 물어오기도 한다.

학생들과 오랜 대화를 나누고 있노라면 문득 트리나 폴러스의 《꽃들에게 희망을》이라는 책이 떠오른다. 주인공 애벌레가 삶의 의미를 찾아 여행을 떠난다. 그러다가 하늘까지 닿을 듯 높고 거대하게 서 있는 기둥을 발견한다. 대단한 무언가일 거라 생각한 애벌레가 기둥 가까이 다가간다. 다가가서 본 이 기둥은 애벌레 수만 마리가 서로를 밟고 올라서느라 얽히고설키면서 만들어진 것이었다. 뭔가 대단한 게 있으니 저렇게 기를 써서 올라가려 하겠지 싶어 주인공 애벌레도 기둥을 오르기 시작한다. 하지만 그 꼭대기에 뭐가 있는지, 왜 오르는지 의미를 아는 애벌레는 한 마리도 없었다. 다들 오르니 나도 오르고 있을 뿐이었다.

학생들의 고민을 들으면서 기둥에 오르기를 강요받는 애벌레 사회와 그 틈에서 갈등하는 주인공 애벌레를 생각한다. 사회는 우리에게 무조건 저 기둥에 오르라고 말한다. 하늘 끝까지 닿아 있는 저 기둥의 꼭대기까지 올라가라고. 거기 무엇이 있는지 묻는 건 시간 낭비일 뿐, 너의 능력이 곧 너의 가치이니 성과로 너를 증명해 보이라고 다그친다.

결국 우리는 기둥에 오르기 위해 저마다 장비를 장착한다. 등수, 영어점수, 여러 사회활동에 지금은 외모까지. 나보다 조금 더 높이 올라가 있는 애벌레를 부러워하며 기를 쓰고 낑낑대다 보면, 누가 시키지 않아도 왜 이 기둥을 올라가고 있는지 질문하기를 포기한다. 답이 없는 질문에 골몰하느라 에너지를 쏟느니 차라리 한 발이라도 더 나아가겠다는 심산이다.

이렇게 애초에 아무 목적도 없이 그저 욕망의 충돌만으로 솟아오른 기둥을 오르는 동안, 우리는 다른 사람들과 같아진다. 그 결과 모두가 비슷해진다. 세상에 맞춰 깎고 조이면서 나를 잃어간다. 여전히 '나'로 남아 있는 개성은 어느새 나를 자신 없게 만드는 못나고 쓸모없는 단점이 되어버린다. 정말 나를 지워야 우리는 성공한 인생을 살게 되는 것일까?

《장자》의 〈인간세人間世〉 편에 이런 내용이 있다.

"산의 나무는 스스로 화를 불러들이고, 등잔의 기름불은 스스로를 태운다. 계피는 먹을 수 있기 때문에 베어지고, 옻나무는 쓸모가 있기 때문에 잘린다. 사람들은 모두 쓸모있는 것의 쓸모는 알면서 쓸모없는 것의 쓸모는 알지 못한다."

山木自寇也, 膏火自煎也. 桂可食, 故伐之; 漆可用, 故割之. 人皆知有用之用, 而莫知無用之用也

무용지용無用之用, 즉 '쓸모없는 것의 쓸모'라는 역설을 이야기하는 이 본문 앞에는 재미있는 이야기가 실려 있다.

어느 날, 뛰어난 목공이 우연히 토지신을 모신 사당에 사수社樹로 심겨 있는 상수리나무를 보게 되었다. 상수리나무는 어찌나 큰지 둘레가 백 아름이나 되었고, 산을 내려다볼 정도로 커서 땅에서 열 길이나 올라간 뒤에야 가지가 뻗어 있었는데, 배를 만들 수 있을 정도로 큰 곁가지만 십 수 개나 되었다. 나무를 구경하겠다고 몰려든 사람들이 하도 많아 주변이 시장통 같았다.

하지만 목공은 아무 관심 없다는 듯 나무를 지나쳐갔다. 제자가 이상하게 여겨 이 대단한 나무에 왜 관심을 보이지 않느냐고 묻자 뛰어난 목공은 '쓸모가 없다'고 대답한다. 보기에는 대단하지만 어떤 용도에도 맞지 않아 도무지 쓸 데가 없는 나무라는 것이다.

그날 밤 꿈에 이 거대한 상수리나무가 목공을 찾아와 꾸짖는다. 한 마디로 '네가 뭔데 나를 평가해?'인데, 모든 쓸모 있는 나무는 그 쓸모 때문에 사람들에게 잡아 뜯기고 베어진다면서 이렇게 말한다. "(쓸모 있는 나무들은) 그 잘난 능력 때문에 자신의 삶이 고통당하게 되는 것이네. 그래서 천수를 누리지 못하고 중도에 요절하지. 스스로 세상 사람들의 공격을 불러들인 셈이라네. 모든 사물이 대개 이렇지. 나는 쓸모없어지기를 추구한 지 오래되었다네. 죽을 고비가 몇 번이나 있었지만 지금은 목숨을 잘 보존하고 있으니 이것이 나에게는 큰 쓸모라네. 내가 만약 쓸모가 있었다면 이렇게 큰 나무가 될 수 있었겠는가?"

나무는 '스스로 쓸모없어지기를 추구했다'고 말한다. 자신의 인생을 온전히 자신의 것으로 누리는 삶과 타인에게 인정받고 타인의 목적을 위해 사용되는 삶 사이에서 고민한 끝에 전자를 선택한 것이다.

우리는 흔히 타인에게 인정받아 힘 있는 누군가에게 발탁되면 자신이 원하는 삶을 누리게 될 것이라고 생각한다. 그러나 장자는 이 두 가지는 별개라고 말한다. 타인에게 발탁되어 타인의 요구대로 나의 쓸모를 사용하게 되면 나를 위한 나의 삶이 아니라 타인에게 부림을 당하는 삶밖에 살지 못한다는 것이다. '쓸모'에 관한 발상의 전환이다.

나는 타인에게 쓸모없는 존재가 되어야 한다고 주장하고 싶은 것이 아니다. 먼저 나 스스로 내 삶을 깊이 들여다보고 스스로의 삶을 선택해야 한다고 말하는 것이다. 타인의 인정 자체가 '나'가 되어서는 안 되고 나 스스로 '나 자신'을 규정하고 결정해야 한다는 것이다. 쓸모가 있을지 없을지, 어떤 쓸모를 선택하고 그 쓸모를 어떻게 활용할지는 모두 '나'의 선택이어야 한다. 상수리나무가 스스로 선택한 '쓸모없는' 자존감이 엄청난 이유다.

객관적인 나의 못남과 부족함 때문에 타인과 사회가 나를 무시한다고 생각하지만 어쩌면 그 원인은 나 스스로 제공한 것이 아닐까? 타인이 내 쓸모를 규정하게 내버려뒀기 때문에, 타인이 내가 자신에게 쓸모있는 존재라고 마음대로 판단하고 끌어가게 하는 것이 내가 쓸모 있는 존재라는 증거라 믿어버렸기 때문에, 내가 쓰이고 버려질 권리를 타인에게 주었기 때문에 타인이 나를 휘두르게 된 것은 아닐까? 남이 나의 쓸모를 결정한다는 것은 내 쓸모가 다했는지 남아 있는지 여부도 남이 결정한다는 것과 같은 의미다. 내가 나를 버리지 않았는데 남이 나를 버린다는 사실만으로 나는 버려진, 더 이상 쓸모 있게 기능하지 못하는, 쓸모없는 존재가 되어버리는 우울에 빠지게 된다. 쓸모 있다고 선택되는 것보다 더 위험한 일이다.

전국시대라는 전쟁의 시대를 살았던 장자가 쓸모없음의 쓸모를 주장했던 이유는 힘없는 평범한 개인이 사회로부터 자신을 지킬 힘을 주기 위해서였고, 잘못된 사회 질서와 억압에 저항하기 위해서였다. 자신의 삶을 어떻게 살아갈지 스스로 결정하고 실행하는 자세가 나를 바꾸고 더 나아가 세상을 바꾼다. 열심히 사는 자세는 물론 아름답지만 무엇을 위한 열심인지 먼저 고민한다면 삶이 더욱 아름다워지지 않을까?

텔레비전을 보다가 나도 모르게 깜짝깜짝 놀랄 때가 있다. 방송 출연자들이 수족관 속에서 헤엄치는 살아 있는 물고기와 대게를 보면서 "와, 맛있겠다!"라고 너무 해맑은 표정으로 말할 때다. 살아 있는 생물을 보면서 어떻게 곧바로 음식을 떠올릴 수 있을까? 저들이 음식 재료가 되기 위해 태어나는 것이 아닌데 어쩌면 저렇게 생명에 대한 감수성이 전혀 없는 말을 아무렇지 않게 할 수 있을까? 너무 해맑아서 오히려 무섭다.

이런 말을 하는 출연자들이 냉혈한인가 하면 그건 아니다. "너무 좋아요!", "너무 예뻐요!", "너무 슬퍼요!", "어쩜 그럴 수가 있어요!"를 쉬지 않고 말하는 출연진들은, 이성적이기보다는 감성적인 사람들인 경우가 훨씬 많다. 게다가 요즘은 많은 사람들이 반려동물을 얼마나 아끼고 소중히 여기는가? 이제는 유기견, 유기묘에 대한 인식도 매우 높아졌다. 그런데 왜 어떤 생명체에게는 이렇게 잔혹한 말을 남발하는 걸까?

언젠가 마트 안을 둘러보다가 혹시 도시 자체가 문제인 건 아닐까 생각해보았다. 도시에서는 식재료가 되기 전 살아 있는 생명체로서의 가축이나 물고기를 볼 수 없다. 이들은 도시 어디에서나 단지 식재료로 마트에 진열되어 있으니, 이들이 얼마 전까지만 해도 자기 삶을 살았던 생명체였다는 생각을 잘 하지 않게 되는 것이다. 개나 고양이 같은 반려동물이든 소나 돼지 같은 가축이든, 전어나 고등어 같은 생선이든 쌀과 채소든, 모두 자기 삶을 누리는 생명체였지만 우리가 이들을 주로 만나는 장소 혹은 형태 때문에 이들의 생명 값을 다르게 받아들이게 된다.

생명에 대한 무감함 혹은 차별적 무감함은 매우 무서운 문제다. 나도 생명이고 너도 생명이지만 나의 삶은 소중히 하면서 남의 삶은 해칠 수 있고, 혹은 저마다의 삶에 차별을 두어 다른 어떤 이의 삶을 재단할 수도 있기 때문이다. 우대할 생명, 죽여도 되는 생명을 임의로 선택해서는 안 된다. 결코 생명의 '생명 아닌 상태'에 익숙해져서는 안 되는 것이다.

맹자는 늘 작은 것이 작지 않다고 말한다. 작은 것에 큰 것의 씨앗이 있기 때문이다. 그래서인지 맹자는 생명에 대한 감수성을 아주 중요하게 다룬다. 그는 〈양혜왕 상〉 편에서 이렇게 말한다.

"생명의 감수성을 배우고 체득한 자들은 짐승이 살아 있는 것을 보고 그것이 죽은 것을 차마 보지 못하고 그 울음소리를 듣고는 그 고기를 차마 먹지 못하죠. 그래서 지도자들이나 지식인들은 생명을 잡는 것이 일상이 되어버리는 푸줏간을 멀리하는 것입니다."
君子之於禽獸也, 見其生, 不忍見其死; 聞其聲, 不忍食其肉. 是以君子遠庖廚也.

맹자의 이 구절을 읽고 있으면 안도현 시인의 〈스며드는 것〉이라는 시가 떠오른다.

꽃게가 간장 속에
반쯤 몸을 담그고 엎드려 있다
등판에 간장이 울컥울컥 쏟아질 때
꽃게는 뱃속의 알을 꺼안으려고
꿈틀거리다가 더 낮게
더 바닥 쪽으로 웅크렸으리라
버둥거렸으리라 버둥거리다가

어찌할 수 없어서

살 속으로 스며드는 것을

한때의 어스름을

꽃게는 천천히 받아들였으리라

껍질이 먹먹해지기 전에

가만히 알들에게 말했으리라

저녁이야

불 끄고 잘 시간이야

• 안도현,《간절하게 참 철없이》,〈스며드는 것〉, 창비, 2008년

이 시를 읽고 간장게장을 끊었다는 사람을 많이 보았다. 그런데 이렇게 따지면 간장게장뿐 아니라 모든 음식을 끊어야 할 것이다. 자연계는 생명을 통해서만 생명을 유지하기 때문이다. 오히려 이 시를 통해 생명을 연장시켜주는 모든 음식은 한때 저마다의 생명을 가지고 자기 삶을 누리며 살아 있던 존재였음을 기억하고, 그 희생을 진심으로 고마워하는 마음을 갖는 게 이 시에 대한 감상으로 더 적합한 자세가 아닐까 생각해본다.

인간은 거대한 도시를 세우고 첨단 기기들을 사용하면서 마치 자연이 아닌 것처럼 살아가지만, 인간 역시 자연의 일부다. 스마트폰,

노트북, 텔레비전보다 나무와 풀과 동물에 훨씬 가깝다. 인간은 한때 생명이 있었던 것을 통해서만 영양분을 얻고 살 수 있다. 식재료라는 것이 모두 생명을 가지고 살아 숨 쉬었던 것들 아닌가!

도시가 만들어낸 마트라는 공간 속에서 우리는 생명이 생명을 희생해서 다른 생명의 숨을 이어가게 해주는 숭고한 자연의 원리를 자꾸 잊어간다. 이 이치를 자꾸 잊어가기 때문에 우리 자신도 때가 되면 다른 생명을 위해서 나의 생명을 기꺼이 내놓아야 하는 상황을 만나게 된다는 점을 생각하지 못한다. 생명은 생명으로만 이어질 수 있다는 섭리를 고려하지 못하고 사는 것이다.

하지만 우리가 잊는다고, 생각하지 못한다고 이 질서가 바뀌거나 사라지지 않는다. 어쩌면 우리의 하루하루가 점점 각박해지는 것은 우리가 이 원리를 잊은 나머지 자연은 물론 타인의 생명을 존중하지 않은 결과인지 모른다.

지천에 음식이 널려 있고 음식이 너무나 쉽게 쓰레기가 되어 버려지는 현실은, 우리에게서 생명에 대한 감수성이 사라져가고 있음에 대한 반증일 것이다. 살충제 달걀로 온 나라가 시끄러웠던 적이 있는데, 어디 문제 있는 것이 달걀뿐일까. 고기는 항생제에서, 우유도 각종 약품에서 자유롭지 못하다. 닭도 돼지도 소도 물고기도, 본성을 존중받으며 살지 못하기 때문에 이런 일이 발생하는 것이다. 너무 많은 생명이 끔찍한 학대 속에서 공장에서 만들어지는 기성품 취급을 받은 이후로 생긴 비극이다. 생명체를 보면서 맛있겠다 맛 없겠다를 생각할 것이 아니라, 그 존재의 삶을 상상하고 유추할 수 있는 감각과 상상력이 지금 우리에게 절실하다.

내 입에 들어 있는 이 음식이 단순한 식재료가 아니라 한때 살아 움직이는 생명이었다는 점을 인식한다면, 과식도 동물학대도 음식물쓰레기도 점점 줄어들지 않을까? 나아가 생명의 존엄함에 눈 뜬다면 우리 사회가 조금은 덜 각박한, 서로에게 자리를 조금씩 내어주는 세상이 되지 않을까 생각해본다.

한 예능 프로그램에서 어떤 출연진이 독특한 옷을 입고 나오자 다른 출연진들이 이상하다며 크게 웃었다. 그러자 놀림받은 사람이 대꾸했다. "왜? 이거 이번 시즌 유행이야! 알지도 못하면서!"

개인적으로 누군가를, 특히 그 사람의 외모를 가지고 놀리며 웃는 것은 정말이지 우리 방송계에서 하루빨리 사라져야 할 잘못된 웃음 유발법 중 하나라고 생각한다.

대신 잘못된 놀림만큼이나 당사자의 대답도 거슬린다. 유행이면 무엇이든 입어도 좋다는 건가? 유행이면, 어울리지 않는 옷이 어울리게 되나?

우리나라는 동일성을 꽤 좋아하는 것 같다. 개성을 추구한다지만 그 개성마저 유행일 때가 많다. 개성이 유행이니 이건 개성인지 유행인지 모르겠다.

왜 우리는 이렇게 유행을 중요하게 여기는 걸까? 좁은 나라에 인구는 매우 많다 보니 자연스레 남에게 치이며 살아서? 아니면 모난 돌이 정 맞던 현대사 때문에? 그것도 아니면 아무도 알아주지 않던 작고 가난한 시절을 벗어난 지 얼마 안 돼서? 나 자신이 아닌 남에게 인정받는 것을 매우 중요하게 여기는 풍토 때문에 '왕따'라는 어두운 부작용도 생긴 것은 아닐까 생각해본다.

사실 자기만의 주관을 가지고 살고 싶어도 그게 쉽지 않다. 세상에서 살아남기 위해 해야 할 일이 너무 많기 때문이다. 자격증, 승진, 시험 등 가져야 하고 통과해야 하는 절차도 너무 많다. 지친 하루를 달래기 위한 오락거리로 텔레비전이나 유튜브를 켜면 비슷비슷한 즐길거리가 쏟아진다. 음식, 식당, 여행, 명품, 성형, 옷, 차, 게임까지.

심지어 연애나 결혼에도 트렌드가 있다. 조금만 뒤처져도 아재니 옛날 사람이라는 놀림이 따라붙는다. 이런 흐름에 휩쓸려 재미있다고 즐기다가도 갑자기 어떤 날은 질식할 것 같고 또 어떤 날은 허무하고 허탈해진다. 어떻게 살아야 잘 사는 걸까 고민하다 보면 《장자》의 〈지락至樂〉 편이 떠오른다.

"옛날에 어떤 바다새가 노나라의 서울 교외에 날아와 머물렀는데, 노나라 임금이 그 새를 맞아들여 종묘에서 술을 권하고, 즐겁게 해주려고 구소의 음악을 연주하고, 맛있게 먹도록 소와 양과 돼지를 잡아 음식을 차려주었다. 그러나 바다새는 얼이 빠지고 근심과 슬픔에 잠겨 고기 한 점, 물 한 방울 먹지 못하고 사흘 만에 죽고 말았다.

이것은 임금이 자신을 봉양하는 방법으로 새를 기르려고 했지 새를 기르는 방법으로 바다새를 기른 것이 아니기 때문이다. 새를 기르는 방법으로 새를 기른다는 것은 깊은 숲속에 가서 깃들게 하고, 넓은 들판에서 놀게 하며, 강과 호수를 떠다니면서 미꾸라지나 피라미를 잡아먹게 하고, 자기와 같은 새들과 지내면서 있는 그대로 자유롭게 살게 한다는 뜻이다. 저 새들은 사람의 말소리조차 싫어하는데 하물며 그처럼 요란을 피운 것은 더 말해 무엇하겠는가?

함지와 구소의 음악을 동정호 벌판에서 연주하면, 새는 날아가고 짐승은 달아나며 물고기는 숨어버릴 뿐이다. 사람이 들어야 비로소 몰려들어 구경할 것이다.

물고기는 물속에 있어야 살지만 사람은 물속에 있으면 죽는다. 서로 다르게 태어났기 때문에 좋아하고 싫어하는 대상 역시 다르다. 그러므로 옛 성인은 기능을 획일화하지 않았고, 일(직업)을 같지 않게 하였다.”

昔者海鳥止於魯郊, 魯侯御而觴之於廟, 奏九韶以爲樂, 具太牢以爲善. 鳥乃眩視憂悲, 不敢食一臠, 不敢飲一杯, 三日而死. 此以己養養鳥也, 非以鳥養養鳥也. 夫以鳥養養鳥者, 宜栖之深林, 遊之壇陸, 浮之江湖, 食之鰍鰷, 隨行列而止, 委蛇而處. 彼唯人言之惡聞, 奚以夫譊譊爲乎! 咸池·九韶之

樂, 張之洞庭之野, 鳥聞之而飛, 獸聞之而走, 魚聞之而下入, 人卒聞之, 相
與還而觀之. 魚處水而生, 人處水而死, 故必相與異, 其好惡故異也. 故先聖
不一其能, 不同其事.

아하! 일단 무릎을 치게 된다. 나의 최선이 너에게도 최선은 아니
구나! 새를 사랑한다면 새가 새처럼 살게 해주어야 하듯 나를 사랑
한다면 너와 다른 나를 인정하고, 너를 사랑한다면 나와 다른 너를
인정해야 하는데 그렇게 하지 못했구나 깨닫게 된다. 나는 나답게
너는 너답게를 잊는 순간 우리는 서로를 질식시키는 공기가 되는구
나…….

어쩌면 이런 현상이 모둠살이의 아이러니인지도 모르겠다. 잘 알
려진 바와 같이 인간은 사회적 동물이다. 개개인으로 보면 힘도 세지
않고 덩치도 크지 않다. 다른 동물에 비해 가진 능력이 특출난 것도
아니다. 아니, 아예 없다고 말해도 과언이 아닌 수준이다. 그럼에도
인간이 최상위 포식자가 된 것은 '관계'를 맺어 '사회'를 형성하는 능
력이 있기 때문이다. 관계가 생존 자체를 가능하게 만든 것이다. 우
리가 서로 같아지려고 휩쓸려 다녔기 때문이 아니라 서로 다른 사람
들이 각자의 부족한 부분을 메워주고 채워주는 모둠살이를 하면서
전체가 부분의 합보다 커졌다. 서로 다르기 때문에 함께하는 삶이 강
하면서도 다채로운 아름다움을 지닐 수 있게 된 것이다.

그런데 재미있게도, 더불어 살면서 권력 관계와 위계가 만들어지다 보니 평등한 다채로움보다는 힘 있는 자에게 쏠리는 현상이 나타난다. 인간에게만 있는 보편이라는 특성도 이러한 쏠림 현상을 심화시키는 데 한몫했을 것이다. 일단 쏠림 현상이 생기니 이를 이용하려는 사람도 나타나고, 이런 사람에게 휘둘리는 사람도 등장한다. 시간이 흐를수록 다름은 틀림이 되고, 함께는 경쟁이 되며, 포용은 배제가 된다.

임금에게 잡힌 새도 처음에는 편안했을지 모른다. 야생에서 본성대로 사는 삶은 일견 자유로워 보이지만 한편으로는 굶주림과의 끝없는 싸움이기도 하다. 자연에서는 늘 먹이를 구하기 위해 애써야 하고 천적으로부터 자신을 지키기 위해 신경을 곤두세우며 살아야 하는데, 우연히 임금의 눈에 들어 궁에 들어갔을 땐 천국이 따로 없구나 싶었을지도 모른다. 새에게 궁은 '나 자신'을 내세우지만 않는다면 모든 게 차고 넘치게 풍족한 곳이다. 자유롭게 사는 삶은 절대 넉넉함이나 풍요로움을 가져다주지 않는다. 그래서 한번 나다운 삶, 자유로운 삶을 선택했다가 호되게 후회하고 '내 주제에 뭘' 하면서 튀지 않는 삶으로 방향을 바꾸기도 한다.

임금 입장에서는 "내가 이렇게까지 챙겨줬는데 도대체 왜!"라고 물을 수 있다. 너에게 최선을 다하려고 내가 줄 수 있는 모든 것을 주는데 나에게 등만 보이는 네가, 내 곁에서 불행하다고 말하는 네가 무척 서운할 수 있다. 말하라고, 대체 뭐가 불만이냐고 외치고 싶은 마음을 이해한다. 다만 새는 스스로에게 '새란 무엇인가?'를 물어야 했고, 임금 역시 '새란 무엇인가?' 자문했어야 했다. 아무리 편안해도 내 것이 아닌 인생은 결국 나를 망가뜨리고, 아무리 많은 것을 주어도 그의 것이 아닌 인생은 결국 그를 망가뜨리니까.

"나는 누굴까?", "너는 누구니?" 이 단순한 질문을 우리는 의외로 잘 던지지 못하고, 한번 던졌다가도 오래 지속하지 못한다. 그러나 이 질문을 멈추는 순간 관계의 균형이 깨진다. 나를 잃고 너를 잃으면서 우리는 서로에게 고통이 된다. 나와 너의 불행을 끊을 해답은 의외로 가까운 곳에 있을지 모른다. 이 단순한 질문에서 다시 시작해보면 어떨까?

"나는 누굴까?", "너는 누구니?"

견디고 버티는 시간이 필요하다

덜컹거리는 인생길은 정말 지겹다. 고속도로에 들어선 것처럼 앞날이 쭉쭉 뻗어 나갔으면 좋겠는데 하는 일마다 될 듯 될 듯하다가도 꼭 돌부리에 걸린다.

나는 살면서 인생이 순탄하게 풀린다는 느낌을 별로 받아보지 못했다. 시험을 쳐도 꼭 재수를 하고, 진로도 몇 번이 바뀌고, 그래서 여기저기 기웃거리게 되고…….

한문도 마찬가지다. 가뜩이나 늦게 시작한데다 처음 하는 공부여서 성적이 바닥이었다. 뭘 믿고 이렇게 살지? 이걸 계속할 가치가 있나? 무슨 결과를 낼 수는 있을까? 수도 없이 고민했다.

이 시기의 나에게 힘을 준 대목이 있다. 《맹자》의 〈고자告子 하〉 편에 나오는 글이다.

"성군의 상징인 순임금은 농부로 살다가 발탁되었고, 상나라 때 훌륭한 정승으로 이름이 높았던 부열은 노가다판에서 등용되었습니다. 은나라 말엽 충신으로 유명한 교격은 어시장에서, 제나라 환공을 춘추시대 일인자로 만든 관중은 감옥에서, 초나라의 이름난 정승 손숙오는 어느 바닷가 구석에서, 진나라 목공이 위세를 떨치게 해준 백리해는 숨어 살던 저잣거리에서 각각 등용되었지요.

하늘이 이 사람들에게 앞으로 크게 쓰기로 마음 먹고, 먼저 마음을 고달프게 하고 육체를 괴롭히며, 굶주림을 겪게 하고 가난을 견디게 하며, 시도하는 일마다 안 되고 어그러지는 사태를 경험하게 합니다. 이건 마음을 분발시키고 참을성을 길러 그가 해내지 못했던 것들을 더 많이, 더 잘할 수 있게 해주려는 것입니다.

사람은 항상 잘못을 저지른 뒤에야 제대로 고치기 때문입니다. 마음에 괴로움을 느끼고 생각이 한계에 부딪힌 뒤에야 분발해서 확장을 이뤄냅니다. 자신의 부족함으로 일이 어그러져서 상대가 자신을 질책하는 얼굴과 목소리를 확인한 뒤에야 깨닫게 되지요. (…) 이런 경우를 보고 우리는 깨닫게 됩니다. 걱정과 근심이 사람을 살게 하고, 안일과 즐거움이 사람을 죽게 한다는 것을요."

舜發於畎畝之中, 傅說擧於版築之間, 膠鬲擧於魚鹽之中, 管夷吾擧於士, 孫叔敖擧於海, 百里奚擧於市. 故天將降大任於是人也, 必先苦其心志, 勞其筋骨, 餓其體膚, 空乏其身, 行拂亂其所爲. 所以動心忍性, 曾益其所不能. 人恒過, 然後能改. 困於心, 衡於慮, 而後作. 徵於色, 發於聲, 而後喩. … 知生於憂患而死於安樂也知生於憂患, 而死於安樂也.

맹자의 우환^{憂患} 사상을 담은 이 글은, 걱정과 근심이 사람을 살게 한다는 역설을 말하고 있다. 사실 인생에 걸림돌이 많다는 건 그리 기분 좋은 일이 아니다. 아니, 기분이 좋지 않은 정도가 아니라 끊임없이 비참하고 우울해지고 절망하게 되는 일이다. 그러나 맹자는 그 어려움을 나의 부족한 점을 바라보는 기회로 삼으라고 권한다.

요즘은 자녀를 키울 때 어릴 때부터 학원을 엄청나게 많이 보내서 아이들이 쉴 시간도 없는 경우가 많다고 한다. 모두 이런 점이 문제라고 지적하는데 그럼 대체 왜 이렇게 공부를 시키느냐고 물어보면 재능을 발견하기 위해서란다. 얼른 재능을 발견해서 가능성 있는 쪽으로 키우고 싶은 바람인 것이다. 공부를 할 때도 잘하는 과목에 더 몰두하는 경향이 있으니 충분히 이해는 된다.

그런데 초등학생들 사이에서조차 어떤 과목은 아예 포기했다는 말이 나온다. 대체로 수학인 경우가 많은데 잘하는 것만 하기에도 벅찬 상황에서 안 되는 분야를 붙들고 있는 게 시간 낭비라는 것이다.

문제는, 타고난 천재가 아닌 이상 어떤 분야를 선택하든 시간이 흐르다 보면 머지않아 한계에 도달하는 순간이 찾아온다는 것이다. 자꾸 일찌감치 가지치기하는 습관을 들이면 한계에 부딪혔을 때 "아, 잘못 선택했구나", "나에게 맞지 않구나" 하고 너무 쉽게 그 가지를 버리게 된다. 우리가 나이 들수록 할 수 있는 게 점점 줄어드는 것도 어쩌면 그 때문일지 모른다. 시도하는 것도, 파도를 넘는 것도, 재능이 없어 보이는 일에 도전하는 것도 그 자체로 어리석은 선택이라는 생각을 하게 된다. 그러다 보면 어느 순간 인생에서 시도 자체가 사라져버린다.

그런데 다른 측면에서 생각해보면 재능도 나라는 사람의 내면에 있는 것이어서 나의 다른 특징들과 반드시 영향을 주고받게 마련이다. 그렇다면 나의 부족한 부분이 내가 가진 재능의 앞길을 막을 수도 있다. 내 재능에 날개를 달고 싶다면 재능이 있는 분야가 아닌 다른 미진한 분야를 먼저 해결해야 한다. 어차피 타고난 재능은 사라지지 않으니 조바심 내지 않아도 된다. 그런데 미진한 분야는 살면서 이런저런 어려움으로 나타난다. 특정 과목이라면 부족한 점수로, 성격이나 인성이라면 다른 사람들과의 비틀린 관계로, 지혜나 통찰이라면 문제 상황이나 돌발 상황에 대처하지 못해 일을 망치는 식으로 나타날 것이다.

나이가 든다는 건 내 뜻대로 되는 일보다 내 뜻대로 되지 않는 일을 훨씬 많이 경험하게 된다는 의미를 담고 있기도 하다. 나이 들수록 시도하고자 하는 의욕이 줄어드는 것은 살면서 겪은 여러 실패와

그로 인한 상처 때문에 이제는 버티는 것조차 지쳤기 때문은 아닐까. 자신의 부족함을 탓하든 외부 환경을 탓하든 자꾸 뭔가를 탓하며 주저앉아버린 결과일지 모른다.

맹자는 주저앉지 말라고, 견디고 버티며 너의 장점과 재능이 찬란하게 발휘될 수 있도록 모든 시련의 시간 속에서도 너의 단점까지 장점으로 빚어내라고 말한다. 요즘 유행하는 말로 하면 '통섭'의 묘미라 할 수 있겠다. 재능이라는 우물은 잘하는 것만 해서는 곧 고갈돼버린다. 다른 분야도 폭넓게 알아야, 내 재능으로 사회와 소통할 수 있을 만큼 성품이 단련되어 있어야 내 재능이 마침내 빛날 수 있다.

맹자가 〈고자 하〉 편에서 예로 든 백리해는 70세에 진나라 목공의 재상이 되었다. 너무 가난했고 처한 상황마다 잘 안 풀렸고, 그나마 정계에서 괜찮은 자리에 올랐을 때는 나라가 너무 작고 힘이 없었다. 진목공은 백리해의 지혜로움에 대한 소문을 듣고 그를 자기 나라로 데려오지만, 막상 70세 노인을 직접 보고는 걱정한다. 그때 백리해는 이렇게 말한다. "저에게 하늘의 새를 잡아 오라거나 맹수를 잡아 오라 하시면 너무 늙어 쓸모가 없을 것입니다. 그러나 만일 저에게 나랏일에 대해 지혜를 모으기를 요구하신다면 신은 아직 젊습니다. 문왕과 함께 주나라를 개국한 강태공이 처음 문왕을 만났을 때 여든이었습니다. 거기에 비하면 신은 아직 열 살이나 젊지 않습니까?"

세상이 우리에게 늙지 않는 신체를 요구하지만, 정작 젊게 유지해야 할 것은 마음이고 생각이다. 지금 시련을 겪고 있는 모든 이에게, 맹자가 말한다. 시련에 주저앉지 말고 그 시간을 배움의 기회로 삼는다면, 하늘은 반드시 당신이 이룬 성취를 신나게 발휘할 기회를 줄 것이라고. 당신은 생물학적 나이와 상관없이 자신감 넘치는 진짜 젊음, 진짜 유능함을 누리게 될 것이라고.

"당신은 성실하십니까?"

"저요? 음…… 저는 적당히 성실합니다."

"적당히요? 대충이란 뜻인가요?"

"아니요. 제가 볼 땐 성실한데 남이 볼 땐 아닐 수도 있어서요."

"성과가 좋지 않은 편이라 그렇게 말씀하시는 건가요?"

"아니요. 성과는 좋을 때도 있고 나쁠 때도 있죠. 성실이 곧 성과는 아니잖아요?"

"그럼 무슨 뜻인가요? 성실은 밖으로 드러나는 특성 아닌가요?"

"아니요. 성실은 밖으로 드러나 보일 수도 있고 드러나지 않을 수도 있어요."

"대체 무슨 말을 하는 건가요?"

"성실은 저의 내면의 문제이지 외부의 문제가 아니라는 말씀을 드리는 거예요."

당신은 '성실하다'라는 말을 들으면 어떤 느낌이 드는가? 혹 어른들이 좋아하는, 회사가 선호하는, 좋긴 한데 딱히 끌리지는 않는, 멋없는, 지루한, 재미없는, 숨 막히는, 우등생…… 같은 느낌이 들지 않는가? 올바르고 좋지만 인기는 없는 가치. 오늘날 성실은 이런 느낌으로 사람들에게 각인돼 있는 듯하다.

성실이란 개념이 이렇게 인기가 없어진 데는 잘못된 이미지가 결정적인 기여를 했다고 생각한다. 성실의 '성誠'은 참됨, 진실됨, 정성스러움이란 뜻을 가지고 있다. 진짜 성실과 "쟤는 참 성실해"라고 할 때의 성실은 어감에서 차이가 크다는 말이다. 원래 뜻은 진실되고 참되게 뭔가를 한다는 뜻이지만 우리가 성실이라는 말을 할 때는 시킨 일, 주어진 일을 곧이곧대로 딴짓하지 않고 꾸준히 한다는 느낌이 강하다.

이런 간극은 초점이 바뀌기 때문에 생긴다. 처음에는 일하는 사람의 내부에 초점이 맞춰져 있지만 어느새 외부 관찰자의 시선으로 초점이 옮겨가면서 의미에 변화가 생기는 것이다.

원래 의미대로라면 성실은 참 매력적인 개념이다. 성실이 나의 것이 될 때 이 개념은 내 인생의 길을 열어주는 위대한 가치가 된다. 나에게 다가온 그 어떤 것도 참된 마음으로 정성스럽게 대하다 보면, 그 태도가 쌓이고 쌓여 나를 어디까지 성장시킬지 쉽게 상상조차 할 수 없게 된다. 대신 우리가 기존에 알고 있던, 남에게 보여주기 위한 성실이어서는 안 된다. 남을 위한 성실은 진짜 성실이 아니어서 나 자신을 도구로 만들 뿐이다. 성실의 이런 위대함을 잘 이야기한 내용이 《중용》 26장에 있다.

"이제 하늘은 이 작은 빛들이 많이 모인 것인데, 모이고 모이다 무궁하게 모이니 해와 달과 별이 하늘에 매달리게 되었고, 만물이 하늘 아래 덮이게 되었다. 이제 땅은 한 줌의 흙이 많이 모인 것인데, 모이고 모이다가 광대하고 두터워지자 화산을 실었으면서도 무겁지 않고 강과 바다를 거두었으면서도 그 물이 새지 않으며 만물이 다 땅에 실려 있다. 이제 산은 자잘한 돌이 많이 모인 것인데, 모이고 모이다가 널따랗고 커다랗게 되자 풀과 나무가 자라고 길짐승과 날짐승이 깃들어 살며 광물이 이곳에서 나온다. 이제 물은 한 잔의 물이 많이 모인 것인데, 모이고 모이다가 측량할 수 없는 데까지 모이자 자라와 악어, 교룡과 물고기들이 거기서 살게 되었고 재화가 불어난다."

今夫天, 斯昭昭之多, 及其無窮也, 日月星辰繫焉, 萬物覆焉. 今夫地, 一撮土之多, 及其廣厚, 載華嶽而不重, 振河海而不洩, 萬物載焉. 今夫山, 一卷石之多, 及其廣大, 草木生之, 禽獸居之, 寶藏興焉. 今夫水, 一勺之多, 及其不測, 黿鼉蛟龍魚鼈生焉, 貨財殖焉.

《중용》은 거대한 하늘도, 거대한 땅도, 거대한 산도, 거대한 바다도 아주 작은 것들이 모이면서 시작되었다고 말하고 있다. 지극한 성실함이 거대함을 만들어냈고, 이 거대함은 또 다른 생명을 품고 길러내는 포용의 덕을 갖게 했다는 것이다. 큰 것이 원래 컸고 대단한 것이 원래 대단했으면 작은 것과 대단하지 않은 것, 평범하거나 보잘것없는 것을 품어주지 못한다. 성실하게 지속하면서 넘어지고 부딪히고 상처받고, 그 시간을 통해 아픔과 함께의 가치를 배우는 와중에 자신보다 작고 힘없는 것을 품어주는 덕이 쌓인다. 그래서일까? 《중용》 26장은 이런 글로 시작된다.

"지극한 성실은 쉼이 없다. 쉬지 않으면 오래가고 오래되면 결과가 드러난다. 결과가 밖으로 드러나면 세상에 오래 지속되고 오래 지속되면 넓고 두터워지고 넓고 두터워지면 높고 밝아진다. 넓고 두텁기 때문에 만물을 실어줄 수 있고 높고 밝기 때문에 만물을 덮어줄 수 있으며, 오래 지속되기 때문에 만물을 이루어줄 수 있다."

至誠, 無息, 不息則久, 久則徵, 徵則悠遠, 悠遠則博厚, 博厚則高明. 博厚所以載物也, 高明 所以覆物也, 悠久 所以成物也.

진짜 성실에는 그래서 여유가 있다. 속도와 방향과 깊이를 스스로

정하기 때문이다. 그 안에는 쉬기도 하고, 노래도 부르고, 클럽도 가고, 친구도 만나고, 술도 마시고, 종종 절망해서 주저앉는 시간이 모두 포함돼 있다. 타인을 위한 성실이 아니라 스스로 정한 나의 성실에는 이 모든 시간의 미학이 스며 있다.

세상은 우리가 '나의 성실'을 추구하도록 가만히 내버려두지 않는다. 몇 살이 되면 뭘 해야 한다는 인생의 시간표를 그려두고 그대로 살아야 한다고 채근한다. 주 단위, 월 단위, 연 단위로 계획을 세우고 이루어야 한다고 다그친다. 이런 목소리에 익숙해지면 다른 사람들이 뭐라 하기 전에 내가 먼저 그 시간표가 요구하는 대로 결과를 내야 한다는 압박을 느끼게 되고, 그렇게 하지 못한 스스로를 옥죄며 전전긍긍하게 된다. 내 몸이, 내 영혼이 무너져가는데도 '이게 최선이야?'라는 세상의 목소리 앞에서 자책한다.

가끔 생각해본다. 이런 잔다란 시간의 재촉 때문에 더 크고 중요한 가치를 놓치고 사는 것은 아닐까? 내가 내 삶의 주인으로 내 시간을 설계하는 방법을 잃는 것이 더 큰 실패가 아닐까? 시간 단위를 조금만 더 길게 설정하면 놀라운 결과를 얻을 수 있는 일이 지금보다 더 많았을지도 모른다.

누가 뭐라 하든 나 자신에게 먼저 성실하고 참되고 정성스러운 삶을 산다면 인생이라는 거대한 그림이 완성되는 순간 덜 후회할 것이다. 물론 전체는 부분의 합보다 크고 부분이 모여 전체가 된다. 하지만 부분만 보고 전체를 보지 못하면 아무리 부분이 많아도 전체를 완성할 수 없다. 각각의 부분이 가지는 의미를 알 수 없기 때문이다.

나의 삶 전체를 스스로 디자인하는 힘을 길렀으면 좋겠다. 성실의 진짜 가치와 힘을 알고, 그 맛을 음미하며 저마다의 인생길을 의미 있게 걸어갔으면 좋겠다.

잘하는 것에 노력을 쏟아야 승산이 있는 게 세상살이인 것 같다. 그래서인지 다들 한 살이라도 어릴 때부터 뭘 잘하는지 파악해야 한다고 믿고, 나의 경쟁력을 확실히 만들어두려고 분주하다.

그런데 이상하다. 꼭 두각을 나타내는 부분만 나의 경쟁력일까? 그림자 없이 빛나기만 하는 것이 가능할까? 그렇다면 흔히 단점이라 여겨지는 그림자는 영원히 그림자이기만 한 걸까?

나는 대학을 졸업하고 직장을 다니다가 그만둔 뒤에야, 그러니까 나이가 어느 정도 들어서야 한문 공부를 시작했다. 난생처음 보는 한자들이 매일매일 내 머리 위로 비처럼 쏟아졌다. 소화시킬 엄두도 나지 않을 만큼 많았고, 섭렵해야 할 책은 앞이 보이지 않을 만큼 까마 득하게 쌓여 있었다. 그야말로 외계어 속에서 익사하는 줄 알았다.

그런데 한문의 세계에도 엘리트들은 존재했다. 소위 '가학家學'이 있는 사람들이다. 가학이란 '집에서 익힌 학문'이란 뜻으로, 할아버 지나 아버지가 한학漢學을 공부하셔서 어릴 때부터 《동몽선습》이나 《명심보감》, 《소학》 등을 배우고, 사서삼경四書三經을 익히며 성장 과정 내내 한문과 함께했던 사람들을 말한다. 이들에게 한문은 한글처럼 익숙하다. 그러니 한문을 보는 눈이 당연히 남다를 수밖에 없다. 내 가 몸담고 있는 기관에서는 한문을 잘하는 능력이 갑이기 때문에 많 은 사람들이 가학이 있는 사람들을 부러워한다.

이들과 극단적으로 정반대인 나는 주변으로부터 격려를 받기는커 녕 너무 늦게 시작했기 때문에 열심히 해도 분명 한계가 있을 거라는 걱정과 우려를 심심찮게 들어야 했다. 가학은 내게 '결여缺如'였다. 한 문을 공부하는 내내 나는 이 결여를 결코 극복할 수 없을 거라는 말 을 들었다.

그 당시 나에게 작은 위로를 건넨 것이 《시경詩經》 〈소아小雅〉의 '학 이 울다鶴鳴'라는 시였다. 대다수 사람들에게 친숙한 사자성어 타산지 석他山之石이 바로 이 시에 등장한다.

학이 깊은 산 속 늪에서 우는데 鶴鳴于九皐
그 소리 멀리 들에까지 들리도다 聲聞于野

물고기가 깊숙이 못에 잠겨 있지만 魚潛在淵

혹은 물가에 있기도 하지 或在于渚

즐거운 저기 저 동산에 樂彼之園

심어놓은 박달나무 있는데 爰有樹檀

그 아래엔 낙엽이 떨어져 있다지 其下維蘀

다른 산의 하찮은 돌이 他山之石

나의 숫돌이 될 수 있다네 可以爲錯

아무리 깊은 산속에서 울어도 학이 '학'이기만 하다면, 그리고 소리 내어 울기만 한다면 언젠가는 결국 바깥으로 드러난다고 말한다. 학은 깊은 산에 있지만 학이 우는 소리는 멀리서도 들리고, 심지어 하늘에까지 닿는다. 물고기는 깊은 물속에 잠겨 있지만 때로는 물가에서 놀기도 하며, 물가에서 지내기도 하지만 깊은 물속에 잠기기도 한다. 아름다운 동산을 멀리서 보면 좋은 나무가 무성하고, 나무에도 좋은 열매만 가득할 것 같지만 가까이 가서 들여다보면 급이 떨어지는 나무도 있고, 아무리 좋은 나무라도 주변이 더러운 경우도 있다.

그러나 숲은 본래 그렇게 이루어져 있다. 지금은 낙엽으로 지저분해도 그 낙엽이 다음 해에 숲을 비옥하게 하는 거름이 되기도 한다. 다른 산에 있을 때는 하찮은 돌이지만 잘 판별하면 나의 옥을 가다듬을 숫돌로 쓸 수도 있다. 그리고 어차피, 숫돌이 없다면 나의 옥도 제 가치를 발휘하지 못한다. 세상이란 얼마나 다채로운가? 세상의 모든 것은 얼마나 다면적인가?

결여가 없는 사람은 없고 결여만 있는 사람도 없다. 한문을 번역하는 기관에서 한문 실력이 가장 크게 두드러지듯, 어떤 상황이나 장면 앞에 서 있을 때 그 배경 때문에 특정 부분이 가장 부각되어 보이는 건 사실이다. 많은 경우 우리는 그 부분 때문에 자신이 부족하다 느끼고, 결여에 집착하게 된다.

하지만 인간은 그렇게 단순한 존재가 아니다. 나에게는 한문이라는 결여의 공간에 남들에게는 없는 글을 쓰는 능력, 이해력, 논리력, 상황 파악 능력, 심리학 지식 등이 있었다. 특정 분야에 대한 결여의 공간은, 그저 비어 있는 것이 아니라 다른 것으로 채워져 있다.

지금 너무나 힘들다면, 혹시 결여에만 너무 신경 쓰고 있는 것은 아닐까? 반성이라는 이름으로 내가 채우지 못하고 완수하지 못한 빈 공간을 바라보며, 쫓아가기도 벅찬 세상이라고 실망하고 절망하고 있는 건 아닐까? 그러나 어느 면에서 봐도 비어 있기만 한 공간은 없다. 인간의 에너지에는 한계가 있어서 충분한 노력과 충분한 휴식, 그리고 충분한 성장을 동시에 해낼 수가 없다. 한 부분이 성장했다면 다른 부분은 아무래도 소홀했을 것이고, 올해 좀 놀았다면 내년에 열심히 달릴 수 있는 에너지가 쌓였을 것이다. 열심히 움직였다면 지금 눈에 보이는 성과가 없어도 분명 내공이 쌓였을 것이고, 눈에 보이는 성과가 많았다면 당분간은 계획을 줄여도 좋을 것이다. 저력을 쌓는

데는 시간이 필요하고, 저력이 뒷받침되지 않으면 성과는 지속가능하지 않기 때문이다.

결여가 있었기 때문에 목소리를 내어 울겠다 결심할 수 있게 된 건지도 모른다. 소리 내어 울었기 때문에 다음 걸음은 세상에 나를 드러내 보이는 방향으로 향할 수 있을지도 모른다. 학은 항상 울고 있진 않지만 울면 분명 소리가 난다. 그런데 사방으로 퍼지는 울음소리가 좋다고 내내 울다가는 목이 쉬고 만다. 잘되는 시기도 있고 안 되는 시기도 있다. 이럴 때도 있고 저럴 때도 있다. 물고기도 물속 깊이 잠겨 있을 때가 있고 물가에서 헤엄칠 때가 있다. 결여와 풍요로움을 동시에 안고 있는 것이다. 높은 곳이 있으면 낮은 곳이 있고, 패인 곳이 있으면 쌓인 곳이 있다. 누구도 예외는 없다.

이 세상은 스스로에게 조금은 넉넉하고 후한 결산을 해줘도 괜찮을 만큼 다면적이다. 각자 충분한 부분을 조금씩 덜어내어 부족한 곳을 메울 때 사회가 유지된다. 인간은 개인으로 보면 별것 아닌 동물이지만 사회를 이룬 덕분에 만물의 영장이 되었다. 타인을 모두 나의 라이벌이나 적으로 간주하면 세상에 결여된 곳밖에 보이지 않겠지만, 내가 의지하며 함께 살아가는 동반자라고 생각하면 서로의 결여가 만들어내는 풍요로움이 눈에 들어온다. 나로 인해 네가, 너로 인해 내가 온전해진다. 모자라는 것도 넘치는 것도 없게 서로를 돌아보며 산다면, 우리의 결여는 상처와 절망이 아니라 사랑과 희망이 될 것이다.

인생에는 언제나
바람이 불어온다

어느 주말에 안성에서 결혼식이 있었다. 꼭 참석해야 하는 자리여서 친구 차를 타고 갔는데, 올 때가 문제였다. 서울로 올라오는 고속도로가 완전히 막혀서 오늘 안에 집에 들어갈 수는 있을지 심란했다. 차의 기름도 떨어져갔다. 할 수 없이 수원으로 방향을 돌려 일단 차에 기름을 넣었다.

주유를 마치고 나오다가 혹시나 싶어 주유소 아저씨에게 서울 가는 길을 물으니, 뜻밖에도 전혀 새로운 길을 알려주셨다. 아저씨 말만 믿고 생각지도 못한 길로 가보았는데 이게 웬일? 뚫린 지 얼마 안되는 길이었는지 차가 거의 없었다. 서울까지, 그것도 저녁을 먹겠다고 들어간 식당까지 30분 만에 도착했다. 와! 대박! 시래풍송時來風送!

시래풍송이란 '때가 되면 바람이 불어 보내준다'라는 뜻으로, 《명심보감》 〈순명順命〉 편에 나오는 구절이다.

"때가 오면 바람이 불어 왕발을 등왕각으로 보내주고, 운수가 물러가면 벼락이 떨어져 천복비를 무너뜨린다."

時來風送藤王閣, 運退雷轟薦福碑.

등왕각에도 천복비에도 물론 고사가 있다. '때가 오면 바람이 불어 왕발을 등왕각으로 보내주고'의 고사가 더 유명한데, 왕발의 〈등왕각서藤王閣序〉라는 글 때문이다. 이 글로 왕발은 당나라 최고의 문인이 되었고, 이 글은 후세에 길이길이 남겨졌다.

등왕각이란 653년 당태종의 동생인 등왕藤王 이원영李元嬰이 강서성江西省 남창현南昌縣에 지은 누각 이름이다. 671년에는 염백서閻伯嶼라는 사람이 홍주자사洪州刺史가 되었을 때 이곳을 보수했는데, 염백서는 이 공사를 마치고 기념 연회를 열었다고 한다. 그런데 이 연회가 열릴 즈음 왕발의 꿈에 한 노인이 나타났다.

"내일 등왕각에서 글짓기 대회가 열릴 텐데, 그대가 가서 글을 지으면 후세에 명성을 전하게 될 것이다."

"그곳은 여기서 6,700리나 떨어진 곳이고 지금 날이 다 저물었는데 제가 어떻게 갈 수 있겠습니까?"

그러나 노인이 빙긋 웃으며 말한다. "내가 그대에게 바람을 선물해주지."

이튿날 왕발은 속는 셈치고 강에 배를 띄웠는데, 정말 바람이 솔솔 불어오는 게 아닌가? 덕분에 그는 하루 만에 등왕각에 도착했다.

그런데 염백서가 내로라하는 저명인사들이 모두 참석하는 잔치를 연 이유는 따로 있었다. 바로 이 자리를 빌어 자신의 사위 오자장吳子章의 문장력을 과시하려는 속셈을 가지고 있었던 것이다. 그는 사위에게 미리 문장을 지어두게 하고, 잔치 때는 지필묵을 꺼내 손님들에게 괜히 서문을 지어달라고 연기를 했다. 다른 손님들이 다 손사래를 치며 거절했다. 그 와중에 눈치 없는 왕발은 지필묵을 받아 들고 글을 짓기 시작했다.

염백서는 화가 났지만 그를 멈추게 할 합당한 명분이 없었으므로 지켜볼 수밖에 없었다. 그는 관리를 시켜 왕발이 지은 글을 보았는데, 그 내용이 보통이 아니었다. 다행히 염백서도 아주 쪼잔한 인물은 아니어서, 왕발의 글을 보고는 "천재네, 천재야!" 하며 매우 즐겁게 잔치를 이어갔다고 한다. 이때 그가 쓴 글이 〈등왕각서〉와 〈등왕각시滕王閣詩〉이다.

다음으로, '운수가 물러가면 벼락이 떨어져 천복비를 무너뜨린다'라는 구절에서 천복비는 중국 요주 지역에 있는 비석이다. 당나라 이북李北이 글을 짓고 구양순歐陽詢이 글씨를 쓴 것으로 유명한 비석이기도 하다. 송나라 때 범중엄范仲淹이란 사람이 요주의 태수로 있을 때 한 선비가 찾아와서 굶주림을 호소했다. 당시 천복비의 비문을 탁본하면 매우 비싼 값에 팔 수 있었으므로 범중엄은 1,000장을 탁본해서 그에게 주려고 했는데 그때 벼락이 쳐서 천복비가 부서졌다는 고사가 전해진다.

이 구절이 기록되어 있는 《명심보감》의 편명은 순명 즉, '운명에 순응하라'이다. 운명에 초점을 맞추면 '아무리 노력해도 결과는 결국 운이 좌우하는데 뭐하러 애를 쓰나?' 하는 결론이 나오겠지만, 인생을 살면서 내가 모든 것을 통제할 수 없다는 뜻이라고 이해한다면 가끔은 쉬기도 하고 꿈도 꾸고 마음을 편안히 먹어도 괜찮다고 생각할 수도 있지 않을까? 어떤 식으로 해석하든 양쪽 모두 자신이 할 바를 다했으면 그걸로 충분하다는 뜻으로 받아들여도 된다.

내 노력으로 모든 것을 이루고 통제할 수 있다면, 아마 인간은 잠시도 쉴 수 없을 것이다. 어쩌면 잠조차 마음 놓고 잘 수 없을지도 모른다. 또한 모든 성공이 백 퍼센트 자신의 노력만으로 가능해진다면 인간은 너무나 교만해질 것이다. 지금도 우리는 크게 성공했거나 부자가 된 사람들이 자신들에게 배우라며 책을 쓰고 강연을 하는 모습을 쉽게 볼 수 있다. 이들은 노력하고 노오력하면 현실의 어려움을 극복할 수 있다고 충고하지만, 변화된 시대나 잘못된 사회 구조가 사람들을 얼마나 짓누르고 있는지에 대해서는 언급하지 않는다.

이들의 성공에 각자의 노력도 물론 한몫했겠지만 많은 부분 운도 작용했다. 타고난 재능이나 지능도 사실 자신의 노력으로 얻은 것은 아니지 않은가? 그날의 상황, 다른 일들이 나비효과처럼 내 일에 미친 영향 등에 이르기까지, 세상의 많은 일은 내가 통제할 수 있는 요소보다 통제할 수 없는, 아니 통제는커녕 짐작조차 할 수 없는 수많은 변수가 작용해서 빚어낸 우연의 지배를 받는다. 그렇다면 내가 통제할 수 없는 부분을 답답하게 여기거나 조바심 내기보다 차라리 그 핑계로 하고 싶은 일에 도전해볼 수도 있지 않을까?

인생에는 반드시 새옹지마塞翁之馬인 영역이 있다. 설령 천복비가 벼락을 맞았어도 그 벼락이 등왕각으로 보내주는 바람을 불러일으킬 수도 있고, 바람을 타고 등왕각에 도착했어도 한순간에 고꾸라질 수도 있다. 인생에는 늘 바람이 분다. 부는지도 모르게 불어와서 가는지도 모르게 간다. 바람을 막을 수 있는 사람은 없다. 내가 선택할 수 있는 것은 오늘 하루 어떤 자세로 살 것인가 하는 것뿐이다. 운이야 때로는 좋고 때로는 나쁘겠지만, 내가 원해서 내 안에 차곡차곡 쌓아둔 실력은 어디로도 가지 않는다. 그 실력에 어느 날 바람이 불어오면 하루 만에 700리를 갈 수 있고, 이름 없는 사람이 천년 뒤에도 문필을 자랑하는 문장가가 될 수 있다.

기억하자. 바람이 불지 않는 인생은 없다. 오늘 하루의 운으로 다음 순간을, 내일을 속단하지 말자. 오늘 스스로 선택한 즐거운 일에 그저 실컷 몰두하자. 진인사대천명盡人事待天命, 사람으로서 할 일을 다하고 천명을 기다리자. 이뿐이고, 이것으로 족하다.

한 주간지에서 지금 학생들의 진로 교육 범위가 좁은 것을 걱정하는 한 초등학교 교사의 글을 읽었다. 글의 제목은 '누구나 유튜버가 될 수는 없잖아요'였다. 학교에서 주로 하는 진로 교육이 '어떤 삶을 살고 싶은가?'와 같은 본질적인 주제보다는 '어떤 직업을 갖고 싶은가?'에 초점을 맞추기 때문에 아이들이 선호하는 직업군을 중점적으로 다룰 수밖에 없고, 자연스레 노동의 의미와 가치를 진지하게 전달하기보다 언론에서 자주 다루어 아이들이 되고 싶어하고 부러워하는 직업군에 치중될 수밖에 없다는 것이었다.

1인 미디어 시대. 트위터에서 뉴스를 만들어내던 시절도 지나 이제는 누구나 유튜브로 자신의 콘텐츠를 만들어 방송하는 시대가 되었다. 세상이 변해가는 걸 지켜보고 있으면 더 화려해지고 대단해져야 살아남을 수 있을 것 같다. 원래의 나보다 훨씬 멋진, 어쩌면 사이버상의 나를 따로 만들어야 살아남는 시대. 문제는 자기를 내세우는 유행이 뜨거워질수록 오히려 자기를 잃어가는 역설적인 상황에 놓인다는 것이다. 정작 놓쳐서는 안 되는 것을 자꾸 놓치는 듯한 세상을 보면서, 문득 《한비자》의 〈외저설 좌상外儲說 左上〉에 나오는 한 대목이 떠올랐다.

초나라 왕이 묵자의 제자인 전구田鳩에게 물었다.

"묵자는 아주 명망이 높은 학자다. 그런데 그의 행동은 괜찮지만 그의 언설에 대해 말해보자면, 말이 많은 데 비해 능변은 아니다. 왜 그런가?"

묵자는 모든 사람을 차별 없이 사랑하는 겸애兼愛를 주장한 사상가이자 도움이 필요한 곳이면 어디든 달려가 힘을 다해 도왔던 사람으로, 당시 아주 인기가 있었다. 이들은 전쟁을 반대하고非攻 검소함을 숭상하며尙儉, 절용節用을 실천해서 혼란한 세상을 바로잡고자 했다. 묵자가 속한 학파는 아주 체계적으로 구성되어 꼼꼼하고 엄격했으며 교육과 규율로 구성원들을 다스렸다. 묵자는 자기 학파의 사상과 할 일에 세세히 접근하다 보니 아무래도 말이 많다는 느낌을 주었던 모양이다.

그런데 이 질문에 대한 전구의 대답이 재미있다. 전구는 먼저 두 가지 예를 든다.

첫째, 진나라 군주가 자기 딸을 진나라 공자에게 시집보낸 이야기다. 군주는 시집가는 나라의 문화와 전통에 맞게 꾸미라고 딸을 평범하게 입혀 보냈고, 함께 보내는 몸종 70명은 굳이 그럴 필요가 없으니 차려입혀 보냈다. 그런데 이게 웬일? 딸과 일행이 진나라에 도착하자 진나라 공자는 몸종들만 아끼고 정작 아내가 될 진나라 군주의 딸은 천대하는 것이 아닌가?

둘째, 초나라 사람이 정나라에 진주를 판매한 이야기다. 이 사람은 진주를 더 좋아 보이게 하려고 목련나무로 상자를 만들어 진주를 담았다. 이어서 계수나무와 산초나무로 향을 내고 상자에 구슬과 옥을 두른 다음, 붉은 옥과 비취로 장식했다. 그런데 정나라 사람은 물건을 보고 나서 상자만 구입하고 진주는 돌려보냈다. 전구는 이어서 말했다.

"요즘 세상의 담론이란 모두 말솜씨만 그럴싸하거나 화려하기만 한데, 지도자들은 화려함과 그럴싸함만 보고 정작 내용이 쓸모 있는지 여부는 잊습니다. 묵자의 주장은 선왕의 도를 전하고 성인의 말을 논해서 사람들에게 널리 알리는 것이니, 혹시 말을 멋들어지게 하면 사람들이 그 장식만 마음에 담고 실제 내용의 진정성은 잊을 위험이 있습니다. 장식으로 내용을 해치는 일이지요. 이것은 초나라 사람이 진주를 팔면서 한 실수나, 진나라 군주가 딸을 시집보낼 때 한 실수와 같은 잘못입니다. 그러므로 그는 말을 많이 하지만 능변은 아닌 것입니다."

今世之談也, 皆道辯說文辭之言, 人主覽其文而忘有用. 墨子之說, 傳先王之道, 論聖人之言以宣告人, 若辯其辭, 則恐人懷其文忘其直, 以文害用也. 此與楚人鬻珠, 秦伯嫁女同類, 故其言多不辯.

사람들이 누군가를 볼 때 말솜씨에 혹한다는 사실이 한비자 개인에게는 천추의 한이었을지 모른다. 한비자는 말더듬이여서 말을 잘하지 못했다고 알려져 있다. 그래서인지 그토록 한비자를 만나고 싶어했던 진시황제는 정작 한비자를 만나고는 실망해서 그를 중용할지 말지 망설였다. 그런데 진시황에게 한비자를 연결해준 이사李斯는 달변가였다. 이사는 한비자의 능력을 너무 잘 알고 있었다. 한비자가 진나라에 와서 능력을 펼치면 자신의 입지가 당장 위태로워질 거라고 생각했다. 그래서 이사는 왕이 망설이는 것을 눈치채자마자 이간질을 했다.

"한비자는 한나라의 공자입니다. 그를 중요하게 쓰면 진나라를 위해 진심으로 노력하지 않을 것이고, 그렇다고 그를 이대로 돌려보낸다면 앞으로 화근이 될 것입니다. 차라리 이 기회에 죄를 물어 그를 없애는 것이 낫습니다."

그래도 진왕은 망설였고, 일단 한비자를 감옥에 가두었다. 이사는 안 되겠다 싶어 감옥으로 독약을 보내 한비자에게 자살을 강요했다.

한비자의 호소를 진왕에게 전하기란 불가능한 상황이었다. 결국 한비자는 스스로 목숨을 끊었고, 얼마 후 진왕은 한비자를 사면하려고 사람을 보냈지만 이미 한비자가 죽은 후였다. 한비자가 죽은 지 3년 후 한나라가 망했고, 10년 후 진나라가 천하를 통일한다.

화려한 말솜씨에 현혹되면 안 된다는 건 한비자 자신의 간절한 외침이기도 했을 것이다. 그 옛날부터 지금까지도 사람들은 드러나는 것, 눈에 보이는 것에 쉽게 사로잡힌다. 다만 한비자 시대에는 지도자를 경계했지만, 국민이 나라의 주인이 된 지금 시대에는 화려한 말솜씨로 거짓을 주장하거나 원래 자신의 모습보다 부풀리고 과장해서 말하는 사람을 경계해야 한다. 판단력이 부족한 임금을 가진 나라의 결말은 패망뿐이다.

지금처럼 화려한 것, 요란한 것이 유행하고 그것만을 좇는 시대는 아무래도 걱정스럽다. 재미있으면 그만, 멋있으면 그만, 있어 보이면 그만……. 지금 우리는 내용을 보지 못하는 수준을 넘어서서 내용이 어떻든 예쁘고 멋있으면 상관없다는 수준까지 치달은 건지도 모른다.

화려함에 끌리는 것은 본능이고 사회가 이것을 추구한다 해도, 모두가 화려할 수는 없다. 어제도 오늘도 내일도 화려하기만 한 사람도 없다. 그래서 우리는 또한 진심을 말한다. 내 진심을 알아달라고. 나의 겉모습이 아니라 나의 내면을 보라고. 있는 그대로도 충분히 아름답다고 말해달라고.

당신도 그렇다면, 먼저 내면을 잘 가꾸어두어야 하지 않을까? 묵자는 말주변이 없었고 한비자는 말더듬이인데다 결국 비참한 최후를 맞았지만, 이들의 지혜는 수천 년이 지난 오늘날까지 전해지며 우리에게 깊은 인상을 남기고 있다. 내용이 참되다면 화려하지 않아도 누군가의 기억 속에 아름답게 남을 것이다. 올해는 나의 겉모습을 포장하는 시간을 조금 줄이고, 나의 진짜 모습을 좀 더 깊고 넓고 아름답게 만들어가는 시간을 가져보면 어떨까?

어느 순간을 있는 그대로 받아들이지 못해 허덕일 때가 많다. 내가 그렇다. 늘 칭찬에 허덕인다. 더 잘해야 할 것 같고 더 뛰어나야 할 것 같다. 그래야 미래가 있다고 생각하기 때문이다. 번역도, 글쓰기도 전문가와 대중에게 능력을 검증받아야 지속할 수 있는 일이어서인지 가끔 나도 모르는 사이에 초조하고 불안해질 때가 많다. 마음이 안정되지 않고 늘 뭔가에 쫓기는 느낌.

내가 이렇게 불안한 이유는 실수하고 실패할까 봐, 그래서 비난을 들을까 봐 무섭기 때문이다. 칭찬받지 못하면 이력이 끝나니까. 그럼 어느 위치까지 올라가면 더 이상 불안하지 않을까 생각해본다. 그런데 또 그런 위치는 없는 것 같다. 어디까지 올라갔든 언제든 다시 추락할 수 있기 때문이다.

　이런 걱정에 휩싸여 사는 게 팍팍하고 답답해질 때 《장자》를 읽으면 도움이 된다. 워낙 스케일이 커서 무슨 말인지 잘 모르겠을 때도 있지만, 재미있는 우화나 재치 넘치는 역설을 따라가다 보면 어느새 "인생에 정답이 어딨니? 그냥 살아!"라고 위로해주는 느낌을 받곤 한다. 이번에는 〈산목山木〉 편에 실려 있는 재미있는 이야기를 소개할까 한다.

　어느 날 장자와 제자가 산속을 걷다가 가지와 잎이 아주 무성한, 아주아주 큰 나무를 보았다. 그때 한 나무꾼도 나무를 보더니 가까이 왔다. 그런데 가만히 서서 보기만 할 뿐, 벨 생각이 없어 보였다. 장자가 그 까닭을 묻자 나무꾼은 이렇게 대답했다. "쓸모가 없어서요."

　이 대답에 장자가 제자에게 말했다. "이 나무는 좋은 재목이 아니어서 타고난 천수를 다할 수 있는 거라네."

　장자와 제자는 산에서 내려와 장자의 옛 친구 집에서 하룻밤 머물기로 한다. 친구는 반갑게 맞이하면서 하인을 시켜 거위 한 마리를 잡아 요리하게 했다. 하인이 주인에게 물었다.

　"한 마리를 잘 울고 다른 하나는 울지 못합니다. 어떤 놈으로 잡을까요?"

　"울지 못하는 놈으로 잡아오너라."

　다음 날 제자가 장자에게 물었다.

인생을 성장하다

"어제 산에 있던 나무는 좋은 재목이 아니라 천수를 누릴 수 있었는데 오늘 이 집 오리는 쓸 만한 재주가 없어서 죽었습니다. 스승님은 어느 쪽을 선택하시겠습니까?"

내가 장자라면 어느 쪽을 선택할까? 재주가 있는 쪽, 없는 쪽? 능력이 있는 쪽, 없는 쪽? 어차피 결론은 같지 않나? 어쩔 땐 재주가 없어서 이득을 보고 어쩔 땐 재주가 없어서 고생하니, 그게 전적으로 내 탓은 아니지 않나? 은근히 헷갈리는 이 질문에, 장자는 이렇게 대답한다.

"나는 재주 있는 것과 재주 없는 것의 중간을 골라야 할까? 중간은 그럴 듯하면서도 결국은 아니지. 그래서 화를 면하지 못한다네. 만약 도道와 덕德을 타고, 그러니까 스스로 자연의 원리를 타고 자유롭게 노닐면 화에서 벗어날 수 있지. 명예도 구하지 않고 허물도 짓지 않고, 때로는 귀한 용도가 되었다가 또 때로는 천한 뱀도 되면서 큰 흐름에 따라 변화할 뿐 그 어떤 것도 외골수가 되지 않는다네. 한 번 올라갔으면 한 번은 내려가면서 조화를 이루는 것을 준칙으로 삼는 거지. 만물의 뿌리에서 자유롭게 노닐면서 내 주변의 모든 것을 그 자체로 여길 뿐 그것들의 노예가 되지 않으니, 그것들이 어찌 나에게 화를 입힐 수 있겠는가?"

재주가 없는 것도 답이 아니고 있는 것도 답이 아니라면, 그 중간쯤에 서보는 건 어떨까? 우리 사회에서도 처세와 관련해서는 너무 튀지 말고 중간에 있는 게 가장 안전하다는 말을 많이 한다.

그런데 장자는 이것도 답이 아니라고 한다. 중간에 있어도 결국 화를 입는다고. 그럼 어쩌라는 건가? 장자는 자연의 흐름에 자신을 맡기라고 조언한다. 자연은 늘 변화한다. 산들바람과 단비로 생명을 살리기도 하고 돌풍과 폭풍우, 가뭄으로 생명을 죽이기도 한다. 생과 사를 오가며 마냥 좋지도 나쁘지도 않게 끊임없이 움직인다.

우리의 인생도 이러한 흐름 속에서 이해하고 받아들이라는 것이 장자의 주장이다. 만사가 술술 풀린다고 뻐기지 말고 일이 잘 안 된다고 절망하지도 않고, 애써 붙잡으려 하지 않고 억지로 벗어나겠다고 발버둥치지도 말라고 한다. 세상 그 무엇도 나의 주체성을 왜곡시키거나 빼앗을 수 없다는 진리를 발견하게 되면, 그때 비로소 진짜 자유를 누리게 될 거라는 말이다. 도가가 전하는 위로가 바로 여기에 있다. 때로는 애를 써야 하는 순간도 있지만 가끔은 놓아야 하는 시간도 있는데, 그 순간을 받아들이고 기꺼이 힘을 뺄 수 있도록 용기를 준다.

장자는 또한 그러려니 하라고, 매사에 너무 마음을 쓰면 우리가 세상에 노예처럼 끌려다니게 된다고 충고한다.

"만물의 실상이나 사람 사이의 관계 같은 것들은 만나면 헤어지고 성취하면 훼손되며, 모나면 깎이고 존귀해지면 비난을 당하고, 업적을 이루면 마멸되고, 뛰어난 지혜가 있으면 모함을 당하고, 어리석으면 조롱을 당한다. 그러니 어떻게 '절대 반드시'가 가능하겠는가? 슬픈 일이다! 너희들은 명심해라. 속박되지 않는 삶을 사는 방법은 오직 도와 덕의 경지에 오르는 것, 즉 자연의 원리라는 거대한 흐름에 스스로를 맡기고 자적하는 경지뿐이라는 것을 말이다."

若夫萬物之情, 人倫之傳, 則不然. 合則離, 成則毁, 廉則挫, 尊則議, 有爲則虧, 賢則謀, 不肖則欺, 胡可得而必乎哉? 悲夫! 弟子志之, 其唯道德之鄕乎!

정말 맞는 말이다. 세상에 '절대, 반드시'는 없다. 만나면 헤어지고 성취하면 훼손되고, 모나면 깎이고 존귀해지면 비방을 당한다. 아무리 위대한 업적을 쌓아도 영원히 그대로 유지되는 업적은 없다. 나의 지혜가 나를 성공으로 이끌기도 하지만 비판도 따라오게 마련이다. 그렇다고 약간 모자란 듯이 행동하면? 그래도 비판을 받는다. 심지어 놀림까지 더해진다. 그러니 지금 이 순간, 내 앞에 놓인 일에만 집중하면 그만이다. 인생의 굴곡은 내가 통제할 수 없는 자연의 흐름이기 때문이다.

장자의 이러한 지혜를 읽고 있으면 미하엘 엔데가 쓴 소설《모모》의 한 구절이 떠오른다. 청소부 베포 아저씨는 친구인 모모에게 이런 말을 들려준다.

"모모야. 때론 우리 앞에 아주 긴 도로가 있어. 너무 길어. 도저히 해낼 수 없을 것 같아. 이런 생각이 들지."

그러고는 한참 동안 묵묵히 앞을 바라보다가 말한다.

"그러면 서두르게 되지. 그리고 점점 더 빨리 서두르는 거야. 허리를 펴고 앞을 보면 조금도 줄어들지 않은 것 같지. 그러면 더욱 긴장되고 불안한 거야. 나중에는 숨이 탁탁 막혀서 더 이상 비질을 할 수가 없어. 앞에는 여전히 길이 아득하고 말이야. 하지만 그렇게 해서는 안 되는 거야."

그러고는 한참 동안 생각하다가 또다시 말을 잇는다.

"한꺼번에 도로 전체를 생각해서는 안 돼. 알겠니? 다음에 딛게 될 걸음, 다음에 쉬게 될 호흡, 다음에 하게 될 비질만 생각해야 하는 거야. 계속해서 바로 다음 일만 생각해야 하는 거야."

그러고는 다시 말을 멈추고 한참 생각한 다음 이렇게 덧붙였다.

"그러면 일을 하는 게 즐겁지. 그게 중요한 거야. 그러면 일을 잘해낼 수 있어. 그래야 하는 거야."

그러고는 또다시 한참을 잠자코 있다가 입을 연다.

"한 걸음 한 걸음 나가다 보면 어느새 그 긴 길을 다 쓸었다는 것을 깨닫지. 어떻게 그렇게 했는지도 모르고, 숨이 차지도 않아."

그는 가만히 고개를 끄덕이고는 마지막 말을 맺는다.

"그게 중요한 거야."

모자란 순간도 넘치는 순간도 내가 쓸면서 가야 하는 거대한 인생의 한 부분이다. 부족한 순간도 빛나는 순간도 그 나름대로 의미가 있다. 세상은 우리에게 매 순간 긴장하라고 다그치지만, 장자도 베포 아저씨도 그렇지 않다고 위로해준다. 우리 힘으로 어찌할 수 없는 거대한 흐름 앞에서 지레 겁먹지 말고 그저 오늘을 만끽하라고. 그래야 순간의 소중함을 놓치지 않고 온전히 누릴 수 있다고 말이다.

나와 음식을 먹어본 사람이면 알 것이다. 내가 얼마나 잘 먹는지. 어
려서부터 그랬다. 먹는 것을 무척 좋아해서 친구 생일잔치에 다녀와
서도 배가 고프다고 저녁밥을 달라던 나는, 위대한 소녀였다.

물론 이렇게 먹으면 살이 찐다. 나도 예외일 순 없다. 어렸을 땐 동
네에서 예쁘다는 소리를 제법 듣던 미모였지만 살 앞에서는 장사가
없었다. 게다가 청소년기가 되자 점점 불어나던 살이 2차 성징으로
인한 호르몬 분비로 폭발하면서 비만으로 이어졌고, 나의 외모는 어
린 시절의 나로서는 감히 상상조차 한 적 없는 방향으로 흘러갔다.

사족으로, 여기서 한식의 위대함을 한번 짚어줘야겠다. 내가 전주

에서 자랐기에 망정이지 서울에서 성장했다면 나는 고도비만이 되고도 남았을 것이다. 전주에서 햄버거란 방학과 개학을 기념해 1년에 한 번씩 먹는 음식이었다. 내가 초등학교 시절 서울 친척집에 놀러 갔다가 본 가장 충격적인 장면은 KFC에서 중·고등학생으로 보이는 아이들이 어른도 없이 자신들끼리 닭을 '바께쓰'에 쌓아놓고 먹는 장면이었다. 당시 전주 중앙동에는 햄버거 가게가 하나 있었는데 거기서 청소년들끼리 닭을 쌓아놓고 먹는 풍경은 상상도 할 수 없었다. 내가 고도비만의 위기를 모면할 수 있었던 건 다 한식 덕분이다. 한식, 그것도 나물 위주로 구성된 한식은 아무리 먹어도 고도비만으로 가기는 어렵다는 것이 나의 경험으로 내린 결론이다.

여하튼, 차근차근 체중이 불어난 나는 고등학교 1학년 때 전교에서 가장 우량한 소녀가 되는 영예를 누렸다. 그해 초여름, 적당한 여름 반바지가 없어서 반바지도 살 겸 이번 여름에 유행하는 옷도 구경할 겸 엄마와 쇼핑을 나섰다. 참고로 우리 엄마는 예쁜 것을 참 좋아하신다. 패션 센스도 남다르시다. 엄마는 이런 스타일로 입혀야지, 저런 것도 한번 입어보자 하시며 몹시 들뜬 기분으로 옷가게로 향하셨는데…… 이런…… 내 몸은 그저 맞는 사이즈가 있는 옷을 입어야하는 상황이었다. 맞는 사이즈를 찾는 것도 벅찼기 때문에 그 어떤 옷도 고를 수가 없었다. 그날 엄마는 화가 머리 끝까지 나셨고, 나는 엄마와 30미터쯤 떨어져 고개를 푹 숙이고 집까지 따라가야 했다.

고2 때 나는 갑자기 뮤지컬 배우가 되고 싶어졌고, 그래서 스스로 살을 빼기 시작했다. 그러다가 뮤지컬 배우가 되기에는 아무래도 어려울 것 같다는 판단을 내리고 다이어트를 그만두었다. 대학생이 되고 아가씨가 되니 스스로 돈을 벌어 내 옷을 사 입는 날이 왔는데, 가느다란 체구가 아니어서 언제나 옷을 사기가 쉽지 않았다.

가느다랗지 못한 나를 몇 년이나 학대하다가 어느 날 문득, 이건 아니지 않나 생각했다. 어쩌면 자기 학대에 지쳤기 때문인지도 모르겠다. 디자인이 다양한 옷은 이렇게나 많은데 이 많은 옷의 사이즈는 달랑 세 가지밖에 없다니. 캐주얼은 85, 90, 95. 정장은 55, 66, 77. 참고로 44는 외계인들이 입는 치수이니 지구인을 위한 이 글에서는 제외한다. 아니, 이게 말이 되나? 대한민국 성인 여성을 딱 셋으로 분류하다니! 그런데 이보다 더 황당한 사실은, 세 가지 치수에 나를 포함한 거의 모든 여성들이 다들 몸을 맞추고 있더라는 점이었다.

"제 체형이 좀 그래요"라는 말을 안 하는 여성을 본 적이 거의 없다. 다리가 짧아요. 허리가 굵어요. 팔이 짧아요. 팔이 두꺼워요. 엉덩이가 커요. 엉덩이가 작아요. 허벅지가 굵어요. 허벅지가 너무 가늘어요. 종아리가 굵어요. 종아리가 짧아요. 종아리가 길어요. 목이 길어요. 목이 두꺼워요. 목이 짧아요……. 그래, 그래. 알겠는데, 그럴 수 있는데…… 그건 지극히 정상 아닌가? 표준 체형이 대체 뭐지? 무슨 기계를 찍어내는 것도 아니고. 이런 점은 체형이 이상한 게 아니라 체형의 특징이라 하는 게 맞지 않나? 사람마다 얼굴이 다르듯 체형도 모두 다른 게 '정상' 아닌가?

한동안 '강남미녀'라는 말이 유행했다. 모두 성형을 해서 다 비슷하게 생긴 모습을 풍자하는 말이다. 사실 눈 작아지려고, 코를 낮추려고, 이마를 주저앉히려고, 얼굴을 크게 하려고 성형하는 사람은 없다. 내가 좀 더 예쁘게 타고난 구석이 있으면 좀 못난 구석도 있는 게 당연하지. '예쁜 건 다 내꺼!'는 좀 유치하잖아. 누군가가 내 예쁜 구석을 부러워하다가 못난 부분을 발견하고 위로를 얻는다면 그것도 괜찮지 않을까?

이런 생각을 하던 중에 《논어》의 〈옹야雍也〉 편에서 상당히 인상적인 구절을 읽었다.

"고 술잔이 모가 나지 않으면, 고 술잔이라고 할 수 있겠는가, 고술잔이
라고 할 수 있겠는가!"

觚不觚, 觚哉! 觚哉!

모가 난 술잔을 고觚술잔이라고 하니 모가 나지 않으며 고술잔이 될 수 없다는 말이다. 모를 없애면 그 술잔은 더 이상 고술잔일 수 없다. 이렇게 생기고 이런 체형을 가진 사람은 지구상에 오직 나밖에 없다. 성형은 무조건 안 된다는 말이 아니라 이 모습이 못난 혹은 못

생긴 모습이기 이전에 세상에 하나밖에 없는 희귀템이고, 그게 나라
는 걸 먼저 기억하면 좋겠다. 잘나고 못나고를 떠나서 세상에 유일한
나의 모습. 내가 이 모습을 버리면, 이런 특징을 가진 존재는 세상에
서 완전히 사라져버리는 것이다.

　나는 표준이란 말을 지우고 싶다. 근거도 기준도 없는 표준이 너무
많은 개인을 학대했다. 고슴잔의 모를 쳐내면 고슴잔은 고슴잔으로
서의 정체성을 잃는다. 내가 나이고 너가 너인 것은 둘의 굴곡이 다
다르게 생겼기 때문인데 너나 나나 다 똑같아진다는 건 아무래도 꺼
림칙하다. 이것도 평등한 세상을 만드는 데 일조하는 거라면 할 말은
없지만.

●

늦봄부터 얼굴이 엄청나게 건조해지더니 어느 순간 피부가 허옇게

일어나기 시작했다. 깜짝 놀라 피부 관리를 받게 되었는데, 바쁘다는

핑계로 2~3주에 한 번씩 가다 보니 어느새 여름이 되었다. 내 생각

에 피부관리실은 건조한 봄에 붐비고 여름에는 휴가철도 있고 날도

더우니 한가할 줄 알았는데 천만의 말씀. 오히려 여름에 사람이 더

많았다. 젊고 어린 여성들이 꽤 많았는데 피부 관리가 아니라 아예

전신 관리를 받는 사람들도 많았다. 알고 보니 휴가 때 비키니를 입

기 위해서란다.

　언제부턴가 수영복은 비키니가 점령하게 되었다. 래쉬가드가 나

오나 싶었지만 화보계의 고전인 비키니에 도전하기에는 역부족이었

다. 분위기가 이러니 나도 비키니 몸매에 욕심이 났다. 여름이 다가오면 또는 여름 내내 인터넷을 장악하는 연예인들의 수영복 화보를 보면 이런 욕심이 더 커졌다. 자꾸 보면 어쩔 수가 없다. 괜히 몸매 관리를 해야 할 것 같고, 늙으면 안 될 것 같고, 나도 모르게 내 피부 탄력은 어떤지 살펴보게 된다. 남자 친구가 생길락 말락 하던 때에는 나도 모르게 비키니 수영복 매장을 둘러보는 나 자신을 발견하고 놀라기도 했다.

먹을 것이 넘쳐나는데 살은 찌면 안 되고 세월은 흐르는데 늙으면 안 된다. 강을 거슬러 헤엄치는 연어가 된 기분이다. 산다는 게 곧 늙어간다는 건데 늙으면 게으르고 자기관리를 못한 거라니. 가뜩이나 스트레스 받을 일이 많은 인생을 살아가는데, 살아 있다는 것 자체를 스트레스로 만들어주는 참으로 놀라운 시대다.

우리 사회에 본격적으로 다이어트 열풍이 불기 시작했을 때, 나는 그저 우리나라에 뚱뚱한 사람이 많아진 거라 생각했다. 그런데 시간이 흐르면서 다이어트의 핵심은 단순한 살 빼기가 아니라 외모 관리 전반이라는 것을 알게 되었다. 젊음이 최고의 미덕인 세상이라 그런지 요즘은 몸매 관리뿐 아니라 동안 미모도 필수다. '동안 대회'라는 것이 열리더니 이제는 그마저도 지나가고 동안은 일상의 과제로 완전히 자리 잡은 추세다. 잘 보이고 싶은 사람이 있거든 침을 꾹 삼키고 꼭 이 한마디를 해줄 것. "어머! 진짜 어려 보이세요!" 오래 살되

늙지 말고 살라는 건 도대체 무슨 소리인지.

이런 생각을 하다 보니 고려 말기에 살았던 우탁禹倬 할아버지의 재치 짱짱한 시가 한 편 생각난다.

한 손에 가시 들고 또 한 손에 막대 들고
늙는 길 가시로 막고 오는 백발 막대로 치렸더니
백발이 제 먼저 알고 지름길로 오더라

'젊다'의 반대말은 '늙다'인데, '젊다'는 형용사이고 '늙다'는 동사이다. 젊음은 그 순간에 대한 수식일 뿐 모든 생명체는 본질적으로 늙음을 향해 간다. 그런데 젊음이라는 순간이 우리가 사는 동안 지켜야 할 가치라니.

시간을 거스를 수도 없고 박제를 할 수도 없는데 강제로 늙음을 정지시켜야 하는 민족중흥의 역사적 사명을 띤 우리는, 이제 늙지 않기 위해 엄청난 돈을 쓴다. 21세기 자본주의 사회에서 늙었다는 건 돈이 없다는 증거다. 자연스러운 노화 현상을 관리로 지연시켜야 하니 방법은 '인공'뿐이다. 세상은 참 별것으로 우리를 몰아세우는구나 싶다.

자연自然, 즉 스스로 그러한 것을 인정하는 행위는 도무지 돈이 되지 않는다. 그래서 자본은 자연스러운 것을 무가치하고 능력 없고 게으른 것으로 치부한다. 그걸 알면서도 우리는 돈으로 만들 수 있는 젊음에 사로잡힌다. 나의 자연스러운 모습은 한마디로 '없어 보여서' 견디질 못한다.

젊음에 대한 숭배는 힘에 대한 숭배이기도 하다. 자고로 젊음은 힘을 상징한다. 그러한 힘을 무력하게 만들 수 있는 것이 돈과 권력이다. 더 이상 젊음과 힘을 가질 수 없게 되면 다음으로는 돈과 권력을 가져야 한다. 늙음이 지닌 연륜의 지혜는 자연스러운 것이지만 이것은 돈이 되지 않는다. 그래서 젊음의 힘으로 연륜을 짓밟을 수 있고 연륜의 빈자리는 돈과 권력으로 채울 수 있다는 환상을 심어준다. 연장자와 약자를 존중하는 문화 대신 돈과 권력에 복종하는 풍토가 우리 사회에 아주 깊게 뿌리 내린 상황은 이러한 맥락으로 이해해볼 수 있다.

더 이상 늙음이 존중받지 못하는 사회에서 인생을 살아온 이력은 그 가치를 인정받지 못한다. 뻔한 '나 때는'이 아니라 진짜 지혜를 이야기해주려는 순간에도 젊은이들은 '라떼토크'('나 때는'으로 시작하는 이야기)가 시작되었다며 비웃고 나이 든 사람들은 그렇게 하면 젊은이들이 싫어한다며 서로를 검열하고 말릴 뿐이다. 그러나 미래를 보지 못하는 인간에게 가장 큰 불안은 돈이 없는 것보다 살아본 적 없고 알 수 없는 시간을 계속 걸어가야 한다는 점이다.

그래서 우리에게는 더 많은 시간을 걸어본 이의 지혜가 반드시 필요하다. 세월의 지혜는 돈이 절대 채워줄 수 없는 영역이다. 인생은 젊음과 힘을 대가로 받아 세월의 이력이라는 지혜를 건네주기 때문이다. 많이 배웠든 적게 배웠든 70~80년이라는 시간을 살아왔다는 것만으로 깨닫게 되는 거대한 지혜가 있다. 끝이 보이지 않는 캄캄한 길을 걸어가는 세대들에게는 반드시 그 지혜가 필요하다.

지금 우리 사회는 오랜 경험과 연륜이 쌓인 시간을 초라하고 볼품없는 늙은 외모로만 받아들인다. 지혜도 불안도, 돈과 권력이 있으면 사거나 고용할 수 있다고 생각하고, 심지어 시간도 정복하려 한다. 시간을 정복하면 우린 더 이상 늙지 않을까? '늙는다'라는 동사가 사라지게 할 수 있을까? 아니면 늙음은 젊음을 살 수 없는 가난한 사람들만의 전유물이 될까? 이런 생각을 하다 보면 '시간을 지운 인간이 인간일 수 있을까?' 하는 데까지 고민이 뻗어나간다. 《서경》〈상서商書〉의 반경盤庚에는 이런 말이 있다.

"사람은 옛사람을 구하고, 그릇은 옛것을 구할 것이 아니라 새 그릇을 쓰라."

人惟求舊, 器非求舊, 惟新.

인간은 노인에게 응축되어 있는 지혜가 필요하니 사람을 구할 땐 옛사람을 구하고, 그릇은 오래되면 이가 빠지고 금이 가서 제대로 기능하기 힘드니 새 그릇을 써야 한다는 말이다. 하지만 지금은 사람은 젊은 사람, 새 사람을 찾고 그릇은 앤티크 제품을 찾는 시대다. (고가구, 골동품이란 말은 촌스러운가 보다. 굳이 앤티크란다.) 물건은 앤티크가 있어 보이고, 사람은 젊고 어리고 매끈해야 있어 보인다. 심지어 채용 현장에서도 젊은 두뇌만 찾는다.

젊음이 나쁘다거나 필요하지 않다는 뜻이 아니다. 젊음도 반드시 필요하다. 그러나 젊음'만' 필요한 건 아니다. 참신함은 연륜의 지혜와 손잡을 때 최고의 효과를 낼 수 있다. 오랫동안 시행착오를 거치며 다져온 내공은 쉽게 얻을 수 있는 작은 경험이 절대 아니다.

나는 미래 지향적인 태도를 문제 삼을 생각이 전혀 없다. 안주할 생각은 더더욱 없다. 그러나 앞서 나가는 것도 시간을 걷는 일이라는 점을 잊어서는 안 된다고 말하고 싶다. 앞서는 행위에는 자기 앞에 아무도 없다는 불안과 공포가 뒤따르게 마련이다. 또한 내 뒤를 따라올 사람에게 느끼는 책임감을 고려하지 않을 수 없다. 그렇다면 젊은 이는 젊은이대로, 노인은 노인대로 조금만 겸손해도 좋지 않을까. 남들보다 좀 더 젊고, 좀 더 뛰어나고, 좀 더 앞서 나가기를 갈망하다가 각자도생이라는 그물에 걸린 오늘, 남은 인생을 어떻게 살아야 할지 진지하게 고민해볼 일이다.

누리지 못하면 아무것도 남지 않는다

내 인생이 한없이 막막하게 느껴지던 스물아홉 가을이었다. 그때 나는 한문이라는 세계에서 겨우 걸음마를 떼고 있었다. 대학 전공도 아니고 그동안 다녔던 직장과도 전혀 상관없는 분야, 한문. 아르바이트로 밥벌이를 했고, 결혼도 물 건너간 상태였다. 직장도 없고 남자도 없고 이력도 없는 스물아홉은 잘도 저물어갔다.

드디어 서른이 되었을 때, 오랜만에 고향에 내려가 부모님을 뵈었다. 아빠와 차 안에서 엄마를 기다리는데 봄 햇살이 참으로 찬란하게 차 안으로 쏟아졌다. 햇살을 바라보다가 벌써 봄이 되었다는 걸 새삼 깨달았다. 시간이 덧없게 느껴졌다.

"아빠. 인생이 너무 빨라. 벌써 서른이야."

"……그렇지? 너는 늘 나를 아빠로 봤으니까 이런 말이 이상하게 들릴지 모르겠지만, 아빠는 가슴에 손수건을 달고 처음 학교에 들어서던 입학식도 손에 잡힐 것처럼 가깝게 느껴져. 그런데 이 나이에, 백발까지 되었다니! 나도 내 나이가 적응이 안 돼."

"아빠, 내가 선 자리가 너무 낯설어. 이제 한문을 좀 알 것 같은데 나는 어디로 가야 할까?"

"큰딸, 내가 느끼기에 인생은 양파 같아."

"양파?"

"응. 양파. 껍질을 까고 또 까면 마지막에 뭐가 나올까?"

"아무것도 없지."

"그래. 양파는 껍질이 껍질이면서 동시에 과육이잖아. 한 겹씩 깔 때마다 과육 맛을 충분히 음미하지 못하면 양파에는 아무것도 남지 않지. 목표만 향해서 달려가면 막상 목표를 달성했을 때 며칠이나 기쁠까? 고작 하루도 안 돼서 또 다른 목표를 만들고 또다시 걱정하겠지. 나는 네가 지금 서 있는 그 자리를 후회 없이 즐기며 걸었으면 좋겠다."

머릿속에 뎅! 하고 종이 울리는 기분. 그래, 양파를 백날 까봤자 뭐하나? 껍질이 과육이고 과육이 껍질인데.

"군자의 도는 비유하자면 먼 곳에 가는 것은 반드시 가까운 데서부터

시작하고, 높은 데 오르는 것은 반드시 낮은 데로부터 시작하는 것과
같다."

君子之道辟(譬)如行遠必自邇, 辟如登高必自卑.

《중용》 15장에 나오는 말이다. 아무리 원대하고 높은 계획도 가깝
고 낮은 지점에서부터 시작해야 한다. 눈앞의 작고 낮은 단계에서 시
작해 모든 길을 차근차근 걸어야 한다. 물론 머리로는 알지만 최종
목표 지점을 올려다보면 너무 높고 멀어서 막막해질 때가 많다. 몇
걸음 더 걸어봐도 막막하긴 매한가지일 뿐, 목적지에 도달하는 시간
을 어떻게든 줄여보자는 마음만 든다. 그러나 길은 걸을 때 의미가
있는 법이다. 길은 극복해야 할 장애물이 아니라 살아가는 내내 동행
해야 할 인생의 벗이다.

우리는 속도의 시대를 살고 있다. 자동차, 비행기, KTX, SNS, 인
터넷까지 이전에는 상상조차 못 했던 엄청난 시간을 단축시켜주었
다. 그래서 한 걸음 한 걸음 꾹꾹 눌러 걷는 시간의 가치가 점점 퇴색
되고 있다. 걷기는 돈이 없는 사람들의 이동 방식, 혹은 운동의 한 종
류가 되어 효율성으로 따지는 행위가 되었다.

늘 초조하고 불안해서 늘 달리는데 기쁘지도 행복하지도 않고 되
레 불안해지기만 하는 슬픈 시대. 시간은 누려야 하는 것인데, 우리
는 자꾸만 시간을 줄이고 아끼고 극복하려고 애를 쓴다. 조금만 참으
면, 조금만 견디면, 조금만 더 하면 행복하고 풍요로운 삶을 살 수 있

다는 듯이 스스로를 다그치고 몰아붙이며 살아간다. 물론 목표를 달성하고 목적지에 도착하면 정말 기쁘고 행복하고 감격스럽다. 그러나 그뿐이다. 참 허무하다.

걸어가는 시간 동안 누리지 못하면 아무것도 남지 않는다. 고지도 정복하고 목표도 달성해야 하지만 거기까지 가는 동안 즐기고 누려야 한다. 길가에 핀 꽃도 보고, 중간에 만난 친구와 사는 이야기나 쓸데없는 농담도 나누고, 맛있는 음식을 먹으며 식도락도 즐기고, 새도 보고, 하늘도 보고, 빗소리도 듣고, 피곤하면 앉아서 다리도 펴고 허기도 느끼면서 이 모든 시간을 내 것으로 만들어야 한다.

마감이 코앞이라고 부장님이 다그칠지언정, 성과가 이게 뭐냐고 팀장님이 면박을 줄지언정, 오늘도 월급이 통장을 스치고 빠져나갈지언정 그 모든 순간조차 내 삶의 한 부분이다. 이 시간들 속에서도 찰나의 즐거움과 행복을 발견하고 온전한 내 것으로 만들지 못하면 나이 들어 오늘을 떠올렸을 때 남는 것은 아무것도 없을 것이다.

남들보다 늦은 나이에 한문을 공부하면서 늘 불안했다. 남들은 다 저만치 앞서 가는데 나만 늘 허덕이는 것 같아서 나 자신을 마음 편히 놔두지 못할 때가 많았다. 설령 공부를 하지 않을 때도 마음속으로는 늘 스스로를 들볶았다.

이제는 서른에서도 한참 멀어진 나이가 되었지만, 여전히 나는 목적지에 도착하지 못했고 높은 고지도 점령하지 못했다. 그래도 나의 시간을 누려야 후회 없이 살 수 있다는 마음 하나만큼은 단단히 간직하고 있다. 때로는 일부러 속도를 늦추기도 한다. 많은 불안을 기꺼이 감내하면서 일부러 천천히 걸으며 나무 사이사이, 모래 하나하나를 들여다본다. 저마다 다른 바람결도 느껴본다. 불안하고 초조해져도 그러려니 하면서 음미하려 애쓰고, 또 그렇게 음미해본다.

양파를 즐기는 일은 양파를 까기만 하는 일보다 재미있었다. 새롭게 집어든 또 하나의 양파도 까는 데만 집중하지 말고 이리저리 살펴보고 향도 맡으면서 최대한 즐겨볼 생각이다. 딱 한 조각씩만 벗겨서 맛있게 먹어야지. 삶은 모든 순간을 만끽하라고 늘 우리를 유혹한다. 그 어느 봄날, 우연히 봄꽃에 이끌려 홀린 듯 회사에 반차를 내고 잠시 봄에 빠져들었던 날이 있었다.

그해 봄빛이 아직도 기억난다. 회사에는 아무 일도 일어나지 않았고 다만 나의 삶만 풍성해졌을 뿐이다. 시간에 쫓기고 목표에 쫓기고 욕심에 쫓길 때면 그때 적어두었던 마음을 꺼내 읽어본다. 순간을 영원으로 만드는 작은 마법, 잊지 말아야지.

아침, 봄 햇살이 찬란했습니다
나는 그만 회사로 가는 길을 잃어버렸습니다
봄 속을 걷다 혹 아지랑이가 된 모양입니다

진달래의 유혹에 걸려들었습니다
"개나리가 피었구나!" 노란 산수유에게
한껏 알은 체를 하며 인사를 건넸습니다
목련이 그 빛나는 웃음을 터뜨리기 직전
비로소 나의 봄이 열렸습니다

지구와 함께 태어난 봄꽃들,
억만 년 전에도 봄은 떨림이었겠지요
작년에도 재작년에도 봄은
설렘으로 흔들리고 있었겠지요

생명의 떨림이
해마다 오는 봄을 기어이 꿈꾸게 합니다
사랑의 떨림이
지나쳐도 그만일 만남에 기어이 다가가게 합니다
그리움의 떨림이
죽음을 흔들어 기어이 봄눈을 틔워냅니다
또 어떤 싹이 톡 튀어올라 만개하려는지요

지천으로
봄, 입니다

괜찮은 사람이 되고 싶어서

1판 1쇄 발행 2020년 2월 20일

지은이 임자헌

발행인 오영진 김진갑

발행처 나무의철학

책임편집 이다희

기획편집 박수진 박은화 진송이 지소연 허재희

디자인팀 안윤민 김현주

마케팅 박시현 신하은 박준서

경영지원 이혜선

출판등록 2006년 1월 11일 제313-2006-15호

주소 서울시 마포구 월드컵북로5가길 12 서교빌딩 2층

전화 02-332-3310 **팩스** 02-332-7741

블로그 blog.naver.com/midnightbookstore

페이스북 www.facebook.com/tornadobook

ISBN 979-11-5851-170-8 03140

- 잘못되거나 파손된 책은 구입하신 서점에서 교환해드립니다.
- 책값은 뒤표지에 있습니다.
- 이 도서의 국립중앙도서관 출판예정도서목록(CIP)은 서지정보유통지원시스템 홈페이지
  (http://seoji.nl.go.kr)와 국가자료공동목록시스템(http://www.nl.go.kr/kolisnet)에서
  이용하실 수 있습니다.(CIP제어번호: CIP2020005622)